服務方案之設計與管理

——成效導向的方法

Designing and Managing Programs
An Effectiveness Approach, 6th Edition

6th Edition

Peter M. Kettner
Robert M. Moroney / 著   余思賢 / 譯
Lawrence L. Martin

作者簡介

Peter M. Kettner

　　曾任亞歷桑那州立大學（Arizona State University）社會工作學系教授。他曾經出版六本專書，其中四本已翻譯成多國語言。他還撰寫過五十多篇文章、專題論文及書籍專章，討論購買服務契約、民營化、社會工作鉅視實務、人群服務規劃以及社會工作行政管理等主題。在他三十幾年的學術生涯中，擔任過五所州立人群服務機構與數十所地方非營利機構的顧問，協助他們處理購買服務契約，以及設計執行成效導向的規劃系統。

Robert M. Moroney

　　亞歷桑那州立大學社會工作學系的名譽教授，專長是社會政策與規劃。他曾出版十本著作，並撰寫了六十多篇專文討論政策、規劃以及方案評估的各種課題。他曾參與多所政策中心，包括北卡羅萊納大學（University of North Carolina）的Bush研究中心及公共政策學會的Vanderbilt研究中心。在英國Joseph Rountree紀念信託基金會及衛生與人群服務部的邀請下，他投注一年時間研究英國社會政策對家庭的影響。他近年榮獲傅爾布萊特資深學者的獎助，赴Dublin大學社會政策與社會工作系研究，也是Vilnius教育大學最近的傅爾布萊特資深學者之一。目前他在Rosalyn Carter人群發展研究中心擔任委員，也在多所國立、州立及地方性的人群服務機構擔任顧問。

Lawrence L. Martin

奧蘭多市佛羅里達大學（University of Central Florida in Orlando）教授，專長為公共事務、社會工作及公共行政。他曾在紐約市哥倫比亞大學（Columbia University）社會工作學系任教，並主持一項社會工作行政管理計畫。他是三十本書和重要專題報告的作者或共同作者，以及一百多篇文章和書籍專章的作者，主題涵蓋人群服務管理、服務取得與契約、績效測量、州政府與地方政府，以及預算與財務管理等領域。他的著作已被翻譯成中文、法文、韓文、葡萄牙文、俄文及蒙古文，並在多種語言中再版。他曾為全美許多州立與地方性的政府和非營利機構提供諮詢與培訓，也曾和加拿大、法國、德國、瑞典及蒙古的政府與非政府組織進行國際合作。

原　序

　　這是最好的時代，也是最壞的時代；
　　這是智慧的世代，也是愚昧的世代；
　　這是信仰的年代，也是懷疑的年代；
　　這是光明的季節，也是黑暗的季節；
　　這是希望的春天，也是絕望的冬天。

　　回顧狄更斯（Charles Dickens）於《雙城記》的著名開場白，即使筆下的時代背景是十八世紀的兩大歐洲城市，這些話在思考我們今日期望什麼樣的社會福利時依然發人深省。雖然當時狄更斯的書中關切著社會正義與國家的權利責任，但到了今天，我們對社會福利政策的走向仍然意見分歧，無法確定這些政策是否該服膺於普世價值。有人把社會福利視為所有人一視同仁的權利，有人則認為它是有條件的、根據需要而給的福利。過去半個世紀，我們並行了兩種觀點。在1930年代，我們以大規模、全面性的聯邦方案應對了大蕭條，而1960年代則在我們的健康保健、就業、居住及心理健康等規劃上又見到了類似的努力。整個國家在這些時期遭逢巨大苦難，讓我們都同意當時需要更全面的付出。近十年，我們擁有一種嶄新的問題解決方法，而這種方法是保守的。在大規模規劃仍缺乏共識的環境下，規劃應該盡力集中在較小的目的。不像全面性的規劃，這種漸進式的規劃更加安全且現實。

　　我們曾在本書之前的版本中主張，無論漸進式與全面性的路線都是指導問題解決的重要取向。兩者皆紮根於理性的理論，也都是確立、執行方案以實現目標共識的方法。路線的選擇取決於您對問題的理解，以及在問題分析階段提出的假設。我們也曾經主張，即使在如今保守的時代，採取更全面化的路線仍得以確認出可能實現些什麼，但是更保守的路線則能

確認「將可以」實現些什麼。我們的取向碰觸到前者，但強調後者。

自1990年本書初版問世以來，我們設定的讀者群一直都是地方機構的方案主管與行政主管。從一開始我們就致力於幫助社會機構的主管與管理人員瞭解成果與績效測量的相關原則與概念，將其轉化成機構的政策與實務。

對我們來說，這個過程始終以堅實的規劃理論與人類行為理論為基礎，如果地方的機構人員選擇接受挑戰，將工作焦點與資料蒐集系統轉向案主的成果，那麼他們將能從一個更完整的專業視野做出必要的改變，而不是只會套用公式的技術人員。在此引述我們第一版的序文：「方法、技術的介紹與討論都在理論觀點之下進行，否則不僅代表該主題缺乏理論基礎，也暗示了專業的實務工作者只是一名技工。我們相信缺乏紮實理論基礎的方案將是膚淺的，也無法獲得社會支持。」

有了紮實的理論基礎，我們試圖以合乎邏輯和系統性的方式來呈現發展成功方案所需的步驟，包括：(1)從闡述方案假設開始；(2)接著繼續闡述目的與目標；(3)建立方案設計的元素；(4)蒐集有意義且有用的資料；(5)從多個角度評估結果；(6)學習分析方案各階段的相關成本。

在每一次改版中，我們都盡力回應教師、學生及實務工作者的回饋意見，這一版也不例外。應讀者要求，全書保留了Safe Haven家庭暴力庇護中心的範例，以便讀者能夠從方案假設開始，一路跟隨方案發展的流程，最後貫穿到方案評估與預算分析階段。

本書的教學網站位於https://edge.sagepub.com/kettner6e，其中包括PowerPoint簡報與隨書問題。

縱使我們對過去二十七年來在政策與經費層面的進展感到非常欣慰，我們仍希望地方機構未來的方案與服務能全力把焦點放在成果與績效測量上，而機構的行政主管、方案管理者、督導及實務工作者也能有興趣探索這些複雜的問題：哪類服務搭配哪些類型的案主，能得到什麼樣的結果？付出的成本又有多少？

　　最後，我們的同事Peter Kettner在本版編寫之前已經過世。我們緬懷與他共事的時間，他不僅是我們的同事，也是三十多年的真正朋友。我們感念他對社會行政領域的貢獻，這些貢獻過去提升了專業工作者的能力，也將惠及下一代的專業能力。

致　謝

Sage出版社與作者群謹向下列審稿者致上最深的謝意：
Sadhna Diwan　聖荷西州立大學
Nancy Feyl Chavkin　德州州立大學
Sara Nickerson-White　漢博學院
Jamie Cuda　尤蒂卡學院
Bernadette Sebar　格里菲斯大學

譯 序

　　本書是《服務方案之設計與管理》第六版的譯作，相當有系統地介紹「成效導向」的方案規劃方法。這種規劃取向是科學管理潮流在人群服務領域的重要結晶，無怪乎本書過去一直是國內許多大學相關課程指定的教科書。

　　在翻譯此書的過程中，我心裏是有一些猶豫和矛盾的。一方面，成效導向的方案規劃是實務工作者檢驗自身工作的利器，能讓服務更有條理，也讓計畫更能適時修正。畢竟工作者都會有自己的盲點，若能把介入的成效或適當性交由客觀證據來論斷，則可避免不斷合理化陳舊施為的後果，也讓公眾對介入措施的討論有一個理性溝通的基點。因此，本書一開頭就從責信（accountability）的脈絡談成效導向方案規劃的意義，我對這種科學管理取向的價值基本上也抱持肯定的態度。

　　然而，從另一方面來說，當我們把自然科學的實證方法引入應用社會科學時，不免會有些抗拒，歷史學家Peter Gay在《現代主義：異端的誘惑》對這樣的感受有過相當生動的描述：「科學的推進所引起的反應是紛紜的，有時會讓人有被逼入窮巷的感覺……不知凡幾的人……既無法再相信救世主的神話，又不願接受自然科學那種冷冰冰的唯物主義。」（梁永安譯，2009，頁45）

　　老實說，我心中也時常對科學管理浮現這樣的猶豫。過去在從事無家者的服務工作時，同仁們和我都需要隨時檢視案主在計畫中的參與量，以及評估案主生活是否如預期般地改善。有時，這樣的方案管理可以幫助我們回頭反省原定計畫是否合理，也能對資金來源方有所交代；但在工作量較大的時候，這種管理確實容易流於形式，變成為管理而管理、為科學而科學，也降低了創新的可能性。例如，當社工與案主們在方案參與中的團體動力成為方案成敗的關鍵時，我們很難把團體動力的變化過程，化約

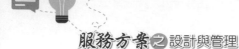

成固定的幾個變項數字去追蹤。科學觀測的範圍總有限度，它也只能告訴我們哪些作為沒用、哪些作為暫時有用，但無法告訴我們還有什麼更好的作為。而且，若在計畫測量的範疇之外產生嚴重的「副作用」，例如帶入了我們意想不到的社會壓迫等，這時要是工作者沒有一定的人文素養或缺乏敏感度，單看冷冰冰的數字確實很容易就忽略了這些問題。

　　對此，在閱讀本書時，筆者有幾項建議或提醒。首先，本書亦非只強調量化的科學管理觀念，也同時蘊含質性的取向。這點尤其在問題分析與需求評量的階段特別重要，請讀者留意。第二，從科學證據擴大方案影響範圍的過程應是漸進的，不應躁進或過度推論成功經驗。原著作者在〈原序〉中將本書的取向定位為保守路線，意即在此。原作者多次提倡基進的價值，看似與保守路線矛盾，但原因是本書的焦點是「單一方案」，其運作範圍相當有限，可作為基進路線的革命性實驗場域，但要在更廣大的社會中全面複製方案的成就，勢必要經過更多方面的對話。

　　最後，成效導向的方案規劃與管理是當代人群服務專業重要的一環，但也只是其中一環。至於它什麼時候有用、如何運用、運用時要發揮到什麼程度，仍要靠專業工作者自身的判斷。為了避免行動者主觀的獨斷或偏見，主流的社會科學方法可能是我們可依賴的最重要工具，但它仍無法完全代理人對於決定自身行動的責任。客觀數據與主觀感受應該是相輔相成，缺一不可，無論這些主觀感受是來自直覺、變幻莫測的情感，又或是從業人員的個人經驗或理念。

　　或許，我們可以在此改寫康德的名言：「沒有理性規劃的服務熱情是盲目的，沒有人文素養的理性規劃則是空洞的。」這是筆者對規劃與執行服務方案的一點心得，也是過去幾年從事實務工作的反省，期與讀者共勉之。

余思賢 謹識

目　錄

服務方案之設計與管理

第一篇

評析當今的實務工作

✍ 當代人群服務方案的規劃與行政管理

SERVICE

RELATIONSHIP

SUPPORT

ASSISTANCE

QUALITY

SOLUTION

GUIDE

Chapter 1

當代人群服務方案的規劃與行政管理

本章綱要

本章目的是說明：

- 政府與民間部門提倡成效導向方案規劃的主要緣由。
- 邏輯模式與成效導向方案規劃之間的關係。
- 如何連結機構與社區網絡以解決問題。
- 成效導向方案的規劃步驟。
- 測量成效的關鍵方案元素。

本章涵蓋的主題包括：

- 講求責信的時代
- 為監測、績效測量及方案評估而設計方案
- 邏輯模式
- 以社區為焦點
- 效率與成效
- 何謂成效導向的方案規劃？
- 評析現有的方案
- 用成效原則理解現有方案
    - 界定方案
    - 評量群體的多元性
    - 問題分析
    - 需求評量
    - 選擇策略與設定目標
    - 方案設計
    - 績效測量對資料的要求
    - 監測與資訊科技的應用
    - 方案評估
    - 預算
- 執行上的考量
- 總結摘述
- 問題與討論

講求責信的時代[1]

　　過去幾十年，美國各級政府（聯邦、州、地方）在人群服務方案的規劃、預算編列與執行產生重大轉變。由於責信（accountability）、績效測量與成效測量等觀念已成規範共識，服務方案現在必須通過嚴密的審查（Metzenbaum, 2021; Schick & Martin, 2020; Suykens et al., 2021）。現在政府、各大基金會及全美聯合勸募協會（United Way Worldwide）在資助人群服務方案時，也更把資金集中在有實質成果與影響力的方案上。

　　美國聯邦預算管理局（Office of Management and Budget, OMB）於1993年通過、近年又再次重申的「政府績效與成果法案」（Government Performance and Result Act, GPRA），是各級政府推動績效責信的主要力量。GPRA規定聯邦政府部門每年須呈報績效給總統及國會。在聯邦層級推動責信的第二推手是聯邦資助的統一管理要求、成本原則及審計要求，這項統一的法規指南要求所有的聯邦資助案都要有具體的成效指標來衡量績效。現在聯邦資助有時還會從績效和成果決定金額。責信在聯邦層級的第三推手是「聯邦政府採購規則」（Federal Acquisition Regulation, FAR）中關於績效保證型契約的規定。FAR規定聯邦政府簽約的標準程序，要求所有服務合約（包括人群服務合約）皆要以最高可能績效為依據（FAR, 2015）。

　　在各州與地方政府的層級上，推動績效責信的兩個主力分別是政府

---

[1] 譯註：原著此處的討論皆以美國為背景。關於臺灣政府將社福方案委外的責信發展，最標緻性的法令應是1998年通過的「政府採購法」。整體而言，臺灣有許多類似美國的現象，如審核方案時仍偏重輸出成本而非成效，也尚無法形成機構間的競爭環境；但由於臺灣地方民間機構更為稀少、特定機構的政治影響力等因素，終形成臺灣自己的責信發展與挑戰。有興趣的讀者可參見劉淑瓊（2005）〈績效、品質與消費者權益保障：論社會服務契約委託的責信課題〉一文，較近期的討論則可見於《社區發展季刊》166期對「社會福利服務契約委託體制」的專題討論。

會計準則委員會（Governmental Accounting Standards Board, GASB）制訂的部門呈報要點，以及各州與地方政府的績效測量要求。GASB針對各州以及地方政府設立財務與會計準則，長年要求各機關必須採用績效責任制度，藉以追蹤並提報政府方案計畫的各項輸出、品質及成效，稱為「服務效力與成果提報系統」（service efforts and accomplishments, SEA）（GASB, 1993）。GPRA與GASB之SEA提報系統促使政府機關紛紛建立起自己的績效責信制度。

民間的贊助機構諸如各基金會與全美聯合勸募協會（United Way Worldwide, 2009），也已採行此種績效責信制度。

今日，大多數服務人群的非營利組織都接受政府部門、基金會或聯合勸募協會的補助，這些組織最終也都採行績效責信的做法，以滿足資助方的要求。績效責信基本上是要求服務機構採用一套標準程序，也就是本書對「成效導向的方案」（effectiveness-based program）所說明的各項規劃工作。

為監測、績效測量及方案評估而設計方案

「方案」一詞有非常具體的意義，它被界定為「一組事先安排好的活動，以求實現一組明確的目的與目標」（Netting et al., 2017）。這是很重要的概念，但有時會讓人感到迷惑，這是因為有些工作者負責的是一套完整方案，而有些人的工作實際上又是橫跨多項方案。

在設計成效導向的方案時，須設法蒐集服務與案主的資料，來滿足資助方的責信要求，讓審查者得以確認方案是否達到預期結果（服務輸出與成果）。這點非常重要！如果結案時要用到監測、績效測量及方案評估等資料，那麼方案規劃一開始就要確認怎麼蒐集它們，然後在服務過程陸續蒐集呈報。

都市協會（Urban Institute）最先建立出一套準則，用來評鑑一套方

案能否被具體評估（Schmidt et al., 1979），稱之爲「可評估性的評量」
（evaluability assessment）。他們主張「可評估」的方案須符合以下標準：

1.可提出管理者要求的可靠證據。

2.有具體可行的方法蒐集到管理者要求的證據。

3.管理者要求的證據可證實績效。

「循證實務」（evidence-based practice, EBP）在許多領域已成顯學，
包括社會工作與人群服務領域（例如Royse et al., 2015）。美國社會工作
人員協會（National Association of Social Workers, NASW）2012年將EBP
界定爲「從業人員從臨床經驗、專業倫理、案主偏好及文化等方面，把深
入研究過的介入方法結合起來，用以指導並促進處遇與服務」的過程。而
方案管理運用證據資訊的方式又比EBP更進一步，它還要明確指出如何蒐
集、彙整證據，以及證據如何用於監測、績效測量及方案評估。我們另外
強調一點：欲設計出一套可評估的方案，必須老老實實地蒐集服務過程與
績效的資料，而且這些資料格式必須易於分析。唯有如此，方案規劃者才
能及早瞭解何種措施有效、何種無效。

 邏輯模式

邏輯模式（logic model）是相當有用的架構，有助於掌握成效導向
方案規劃的基本概念。邏輯模式在1960到1970年代剛開始推廣時，是
爲了梳理聯邦政府繁瑣的方案評估程序（Wholey, 1983, 1994），直到
全美聯合勸募協會1996年出版的《測量方案成果》（*Measuring Program
Outcomes*）讓它流行起來。目前邏輯模式已成爲聯邦政府審查服務方案
的主要方式（Chief Financial Officers [CFO], 2020）。

從前文可知，美國政府長年關注服務的提供與過程，最終好不容
易才發展出強調服務結果的概念架構，把焦點放在**終點**（ends）、**手段**

（means）、成果（outcomes）及介入（interventions）之間的關係。下一
章會討論方案效率的概念，並介紹Frederick W. Taylor稱之為「科學管理」
的取向與貢獻。從1940年代起，講求效率成了政府機關的共識。美國前
總統Herbert Hoover在擔任總統委員會主席時，明確指出提升聯邦政府效
率的重要性與方式。往後幾十年，Robert McNamara在福特汽車公司革命
性地推動強調「成果」或「結果」（results）的規劃與管理系統，並在他
擔任國防部長時，將其引進聯邦政府的政策和計畫（參見W. K. Kellogg
Foundation, 2004 below）。

　　邏輯模式在全美聯合勸募協會的《測量方案成果》影響下迅速流
行，它借用系統理論的概念建立了一個基礎，讓我們檢視資源投入、服務
提供、服務結果之間的關係。

　　Kellogg基金會在2004年整理出幾種邏輯模式的類型：

1.理論取向的邏輯模式。
2.成果取向模式。
3.活動取向模式。

　　模式一關注服務之所以能產生改變的理論解釋，並根據理論原理把
焦點置於問題理解與成果實現間的關係；模式二揭示方案活動與成果的關
係；模式三則關注最能幫助方案成功的特定活動。

　　本書涵蓋上述三種邏輯模式，讓方案規劃者在掌握「改善案主生
活」這個大方向的同時，也看清解決社會問題的理路。本書會逐章說明輸
入、過程、輸出、成果及影響力的定義與應用，以彰顯方案規劃需具備邏
輯理路的重要。雖然我們會提出許多範例，但要記住：應用相關原則時應
將它們視為指導性的概念，而不是呆板的公式（見圖1-1）。

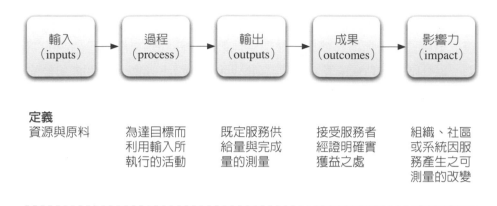

圖1-1　邏輯模式

以社區爲焦點

　　強調責信的結果之一是把焦點轉向標的群體參與方案後的改變。人群服務方案想解決的大多是社區問題，如兒童需要安全環境、無家者需要住所與回歸正常生活、暴力受害者需要保護、家庭破裂、成癮等等。「社區」（community）一詞不單指地理區域，還可表示各種族裔或特定群體，例如非裔美國人、亞裔美國人、拉丁裔美國人、原住民、LGBTQ+，以及其他低收入與特殊群體。要解決這些社區問題可能需要調整傳統的服務方案。

　　今日社區面臨的問題非常複雜，以至於單一機構的單一方案很難爲

社區帶來積極顯著的影響。因此，資助者通常會同時提供資源（主要是金錢）給社區的多所服務機構，並期望他們用社區觀點來解決已確認的問題。以社區為焦點意味著：方案規劃早期就要深入研究待解決問題與標的群體的特徵，進而考慮需要蒐集哪些資料，來回答有關方案效率與成效的問題。後續章節將指出成效導向方案規劃必須經歷的各個階段，以及它需要包含的許多資料元素。

 ## 效率與成效

效率與成效是服務方案的主要考量。「效率」（efficiency）是方案的服務量（輸出）與成本（輸入，主要是資金）間的關係。「成效」（effectiveness）是案主因接受服務而在生活品質上實現的改變（成果）。為了測量輸出和成果，服務機構需要追蹤記錄以下資訊：提供的服務量、受服務的個案量、完成方案或退出方案的個案量，以及案主參與方案前後的進步程度。

在規劃循證式的方案時，一開始就要清楚界定方案的組成元素，才有辦法進行任何測量。如果宣稱方案能達成某些目標，又要在過程中不時監測、測量和評估績效，那麼服務機構就須預先規劃好方案的目的（goals）與目標（objectives）[2]，才能定出服務項目與各項預期結果（當然，全都要採書面形式）。

---

[2] 譯註：本書將goals與objectives分別譯成「目的」與「目標」，前者是組織欲實現的整體願景，後者是可具體觀察與測量的明確期待。國內翻譯紛雜，也有學者分別譯為「整體目標」與「具體目標」，甚至兩者譯名與本書顛倒，請讀者留意。第七章對兩者有更詳細的說明。

何謂成效導向的方案規劃？

　　若要設計一套有成效的方案，專業服務人員須深入研究社會問題、具需求者的特徵，以及服務策略等議題。既然要講求成效，就得蒐集案主接受服務前後的狀況資訊，讓監測和評估有所依據，也可顯示方案何處有效，或何處需要改進。這套設計原則是為了提升直接服務的輸送與管理。

　　成效導向的方案規劃包含一系列步驟：(1)清楚理解與界定要解決的問題；(2)衡量案主開始接觸服務時的問題類型與嚴重程度；(3)提供應對的方案；(4)衡量案主離開服務時的問題類型與嚴重程度；(5)訂定短期和長期目標成果。這些措施是讓服務方案有持續改進的根據，也讓實務工作者和管理者在做決策時有所依憑。這套設計並非單純為了應付報告而填寫記錄，工作者可透過記錄瞭解個案進展，同時讓方案管理得到所需的數據和資訊。

 ## 評析現有的方案

　　前文強調過有效的方案設計須經過一系列細膩的思考，這個過程始於理解待解決的問題，直到最後能夠分析方案效率與成效。第二至六章先把重點放在對需求與社會問題的評量與理解；第七至九章會以明確的步驟說明如何設計方案、撰寫目的與目標，以及如何蒐集資料去分析方案效率與成效；第十至十三章則介紹各種預算編列和評估的方法。

　　因為方案要處理的社會、家庭及個人問題都很複雜，所以方案規劃不是簡單的過程，社會問題與服務對象都需要經過透澈研究和分析。瞭解這當中的複雜性之後，方可確保方案符合需求，讓服務更準確地實現結果。簡言之，這是一種積極創造結果的取向。

如同律師必須理解法律、醫生必須理解身體構造一樣，社工的實務工作、服務規劃與管理也必須理解社會問題與服務方案。這種理解可能會挑戰到某些舊觀點，而開創社會服務的新視野。我們相信這樣的取向能夠確保人群服務方案在變動不拘的環境中保持效率和成效。

用成效原則理解現有方案

後續章節會介紹一套步驟，讓讀者學習從案主遭遇的社會、家庭或個人問題，設計出有具體預期結果的服務方案。然而在此之前，請先花點時間回顧您熟悉的其中一項服務方案，以幫助您理解成效導向方案規劃的基本概念。這項活動可釐清傳統方案設計普遍存在的問題，以及為何我們「必須」設計出可測量的方案。這項練習的目的是瞭解「成效導向方案規劃」最關鍵的概念與議題。其規劃過程可以分成以下步驟：

- ・界定方案。
- ・評量群體的多元性。
- ・問題分析。
- ・需求評量。
- ・選擇策略與設定目標。
- ・方案設計。
- ・績效測量對資料的要求。
- ・監測與資訊科技的應用。
- ・方案評估。
- ・預算。

這裏可以清楚地看到，每個步驟與邏輯模式多少有些對應，**圖1-2**說明了兩者間的關係。請特別留意理解與分析「輸入」的部分要花多少心力。如果能有條理地處理好這部分，那麼其餘部分自然會合乎邏輯。後續

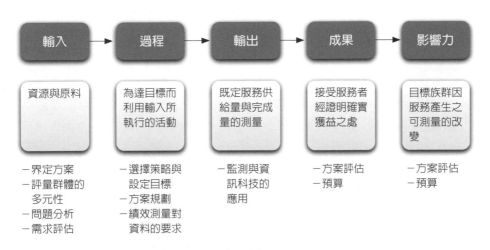

圖1-2　邏輯模式在規劃過程中的應用

章節會更詳細解釋這點。

　　我們在網路上提供了一套方案評量的工具，網址為https://edge. sagepub.com/kettner6e。這套工具可幫助您快速掌握一套方案的優缺點，但注意它只適用於直接服務的方案，並不適用募款或倡議等支持性方案。

界定方案

　　在成效導向的方案規劃中，第一步是確保方案具備明確的定義。一種方案設計是向標的群體（如兒童、成年人、老年人）提供一套特定的服務（如戒毒、家庭諮商、就業服務）；有的方案則設計成由機構先透過單一窗口接觸所有案主，然後再分派給特定的個案管理員。這是重要的區別，也是方案設計首先要釐清的元素。有關界定方案的線上問題能幫助您思考機構對方案的立場。

評量群體的多元性

過去研究顯示，適合少數族群的服務方案明顯不同於一般服務對象（Urban Institute, 2017）。為了處理這些差異，規劃者要確保服務方案能包容和回應多元的社區與人群。關於評估多元對象的線上問題可提高規劃者對社區多元性的敏感度，將其納入方案的評估與規劃之中。

問題分析

第二至三章將討論問題解決的理論基礎與問題成因分析（因果關係）。良好的實務方案要深入分析與瞭解問題，可惜現實卻未必如此。規劃與資助方案有時是出於政治考量或其他原因，而非考慮真實狀況。然而能否在案主身上展現成果的關鍵，就是方案瞭解問題的類型、規模及範圍，也清楚掌握到問題的歷史脈絡、理論基礎、研究發現，以及成因。例如：若要對藥物濫用者實施處遇，必須先瞭解人們用藥的各種原因，並掌握案主吸毒屬於哪一種成因，然後再採取相應的處預。面對不同狀況，諸如一般藥物成癮者、因好奇而吸食大麻的國中生，或販賣與使用安非他命的幫派，都需要理解其特定的背景。因此，方案規劃者必須確認社區每種個案類型分別有多少人，以及他們各自的用藥原因、居住區域、問題的嚴重程度等等。另外也要掌握少數或特殊族群的特性，研究他們的問題成因，以確定他們的問題或服務需求背後是否存在特殊因素。這些問題分析為有效而精確的方案奠下基礎。有關問題分析的線上問題，能幫您瞭解方案在理解問題上納入了多少背景資訊。

需求評量

當一個人遭遇問題時，就會產生需求。有時需求顯而易見，例如無

家者需要一個家，或是失業者需要一份工作；有時需求可能很隱晦難辨，例如為了營造穩定的關愛關係，而需要替代的親職角色；或為了建立自信而需要一位導師協助；又或是為了成功就業而需要學習工作倫理等等。

　　要讓方案準確命中需求，就需要澈底研究問題。一旦您有信心覺得自己已經清楚需求，就可以把注意力轉向需求評量的技巧。Bradshaw（1972）在他的經典著作中整理出四種需求評量的觀點：規範性需求（normative need，由該領域的專家來界定）、感受性需求（perceived need，由親身經歷需求者的視角來衡量）、表達性需求（expressed need，從服務的尋求者來衡量）和相對性需求（relative need，從與另一地區的比較中衡量當地的需求和資源）。關於需求評量的線上問題能幫助您瞭解這些需求觀點並思考方案在多大程度上考慮到各種觀點。

選擇策略與設定目標

　　完成問題分析和需求評量後，就要根據需求開始構思降低或消除問題的策略，這個過程涵蓋後續數個步驟。首先是提出一項或多項方案假設，亦即陳述若受問題困擾的案主接受適當的服務應能實現什麼成果。方案假設提供一套架構，藉以發展明確的目的、目標與活動項目。線上問題有助於評估您對方案背後的假定與預期有多少理解，同時衡量需求與服務的匹配程度。

方案設計

　　瞭解需求是一回事，設計介入措施來滿足需求又是另一回事。方案設計階段要建構最能實現方案目標的服務或服務組合。它需要思考滿足案主需求必須投入的資源，並審視這些資源的利用方式。方案設計是規劃和管理方案至關重要的階段，是實現結果的關鍵一步（CFO, 2020）。

　　如果我們把人群服務看成一堆「對特殊個案的特殊工作」，那麼個

案評量、服務提供、服務完成和成果評量等結論就落在工作者個人的經驗判斷。如此一來，我們將難以建立明確的方案目標，藉以考核成效，也無法調整方案讓它更能幫助案主。反之，若能客觀且精確地掌握方案設計的每項元素，就能持續檢視方案，並根據成效資料做出建設性的調整。線上題庫可幫助您評估自己對方案設計元素的掌握程度。

績效測量對資料的要求

資料蒐集是成效導向方案規劃不可或缺的要件。如果沒有蒐集、彙整、分析、報告正確的數據並用以判斷方案績效，那麼先前在建立假設、目的、目標、方案設計等階段的努力將付諸流水。蒐集到的資料必須能：(1)辨識族群的多元性；(2)反映社區需求；(3)記錄服務的個案數量；(4)測出方案達到的輸出與成果；(5)算出方案輸出和成果的實現成本。在設計資訊管理系統之前，應先瞭解績效測量的原則。線上題庫能幫助您瞭解成效導向方案規劃的資料要求。

監測與資訊科技的應用

一旦確立方案資料的各項要素，就可以蒐集、處理和彙整這些資料，為實務工作者與機構管理者提供實用的參考資訊。唯有這些資料的印證，才可宣稱方案實現了預定目標，且改善了案主生活（方案成果）。

現在服務方案和機構管理的實務工作一定會用電腦管理資訊。傳統敘述式的個案記錄有利於個別案例的分析、規劃、督導以及文檔記錄，但幾乎無法用來測量方案的效率與成效。在成效導向的方案規劃中，資訊管理系統必須能呈現出案主在接受服務前後的進展數據。線上題庫可幫助您評估服務機構或方案現行監測與資訊管理系統的優缺點。

方案評估

　　成效導向方案規劃最大的優點之一，是實務工作者和管理者可以透過資料知道有多接近預期目標。例如：有多少虐待和忽視子女的父母完成了親職訓練？他們在親職技巧上顯現出多少改善？我們消除了多少虐待和忽視的行為？有多少父母更能建立有效的親子關係？方案執行有多滿足弱勢族群的需求？這些資訊可以使直接服務的工作者、督導、方案主管、行政人員以及其他利害關係人擁有共同的關注焦點。在方案執行一年後，如果能說出「我們幫助75%的案主掌握了至少十項有效的親職技巧」，總比僅僅說「我們為一百戶虐待和忽視子女的家庭提供了服務」更能讓人滿意。線上題庫可幫您檢視方案是否使用了不同的評估方法。

預算

　　所有方案都需要經費支持，但一套方案無法保證每年都能獲得同等的經費。因此，聰明的工作者和機構人員會確保以最低成本為案主取得最佳成果。遺憾的是，許多服務方案使用的預算系統僅列出支出項目，也就是所謂的逐項預算制（line-item budgets）。成效導向的方案規劃則須使用三種預算系統：逐項、績效和方案預算。同時使用三種系統是為了產生以下資訊：方案輸出或服務的單位成本（例如每小時諮商的費用）、一名案主完成全部服務的成本（例如一名案主完成十次親職訓練的預算）、案主達成某一可測量成果（例如具體改善親職技巧）的花費，以及達成方案規劃、目的、目標的成本（例如案主接受服務後至少降低50%虐待或忽視行為的花費）。舉例來說，如果一套預算系統可以讓人知道每位學員完成訓練課程的成本為一千五百美元，但若退出率為50%，完成該計畫的單位個案成本則是三千美元。這種計算能幫助工作人員清楚如何讓資源利用更符合成本效益與效率。線上題庫能幫助您評析機構或方案當前預算系統的優

缺點。

　　後續幾章會逐一說明「成效導向方案規劃」的各個階段。建議您閱讀時思考並應用這些概念到特定的方案上。雖然設計全新方案可以更完美應用這些原則，但您也可能會發現，藉由檢視現有方案規劃每個階段的細節，該方案也可以被清楚地分析，或許還能得到改善。

 ## 執行上的考量

　　本書闡明為何我們需要績效測量、監測、方案評估，以及多面向的預算格式。隨著規劃過程的進展，我們將清楚意識到本書提出的內容與相關要求可能會耗費大量時間和資源。Carillo（2005）發現資訊管理的觀念與做法在服務機構中被過度忽視。Hatry（2012, p.23）提到：「總體來說，不太可能在大多數人群服務組織進行全面、深入的方案評估，只有極少的組織能夠實現。」然而，這並不意味服務方案和機構不應嘗試成效導向的方案規劃，否則終將在比較之下落於其他服務方案或機構之後。

　　機構的文化與心態在此相當關鍵，包括從高層主管到基層人員都要設法蒐集及利用資料，才能找到最有成效和最具效率的方式幫助案主解決問題。雖然很多人已經談過領導對於發展績效管理系統的重要，我們仍要不厭其煩地重申：若沒有高層強而有力的引導，就不可能成功帶來必要的變革（參見Packard & Beinecke, 2012）。

　　另一項重要議題是關於實施成效導向方案所需的資源（包括經費、電腦軟硬體、技術諮詢等）。大型機構或許比較容易採用本書談的績效測量、監測、方案評估，以及預算編列方式，但對於規模較小的許多機構來說，轉型可能會遭遇較多挑戰，甚至因為績效責信的要求而迴避申請經費補助。假如理監事會、高階主管、中階主管，以及基層員工皆有志於此，許多機構都曾證明藉由運用志工、實習人員、現任員工、顧問，以及其他資源，就可發展出適當的轉型策略。這種策略可分成三個階段：預先規

劃、界定以及執行。並非所有階段都需要投入相等資源，在沒有大量前期投資的情況下，或許資源有限的小型機構也能做到一些必要的改變，方法是先從預先規劃的階段著手，暫緩某些諸如外部顧問費的開銷，直到工作人員都準備就緒，也有足夠資源後，再來完成整個轉型策略。

總結摘述

規劃一套可實現結果的方案，過程相當複雜。數十年來，專業服務人士一直以「過程」（process）為核心建構方案，現在卻被要求將焦點轉移到「結果」（results）和「成果」（outcomes）。然而，各級政府、聯合勸募協會以及其他補助和承辦機構現在講求責信和「投資回報」，這是完全可以理解的。循證式方案規劃的設計是要幫助服務方案和機構從過程焦點轉向結果與成果焦點。邏輯模式為方案發展提供了清晰的階段流程，如果方案規劃者審慎依循這套模式，即能衡量結果、成果和成本。

本章介紹了測量結果、成果和成本的關鍵步驟。線上題庫引領讀者走過成效導向方案規劃各個階段，並應用於現有方案。這些分析有助於說明這些階段及其相關概念，後續章節會讓讀者更詳細地理解每一步。

 問題與討論

1. 為什麼服務機構會關注方案的責信與績效？為什麼官方與民間的資助機構會關注方案的責信與績效？
2. 邏輯模式如何幫助我們理解「成效導向方案規劃」的元素，並應用於服務方案的規劃之中？
3. 試著界定「效率」（輸出）與「成效」（成果）的概念，並從您熟悉的具體方案舉出實際例子。
4. 為何在規劃過程中，確認出標的人口群很重要？
5. 在您熟悉的方案中，指出一些可測量的成果指標。

參考文獻

Bradshaw, J. (1972). The concept of social need. *New Society, 30,* 640–643.

Carillo, T. (2005). Management information systems: Why are they underutilized in the social services? *Administration in Social Work, 29*(2), 43–61.

Federal Acquisition Regulation (FAR). (2015). http://www.acquisition.gov/far

Government Accounting Standards Board. (1993). *Proposed statement of the Governmental Accounting Standards Board on concepts related to service efforts and accomplishments reporting.*

Grants.gov. (2021). *Uniform administrative requirements, cost principles, and audit requirements for federal awards.* https://www.ecfr.gov/cgi-bin/text-idx?tpl=/ecfrbrowse/Title02/2cfr200_main_02.tpl

Hatry, H. (2012). Outcomes measurement in the human services: Lessons learned from public and private sectors. In J. Magnabosco & R. Manderscheid (Eds.), *Outcomes measurement in the human services: Cross-cutting issues and methods* (2nd ed., pp. 17–29). NASW Press.

Metzenbaum, S. (2021). Federal rants management: Improving outcomes. *IBM Center for the Business of Government.* https://www.businessofgovernment.org/sites/default/files/Federal%20Grants%20Management_0.pdf

Municipal Research and Services Centers (MRSC). (2021). *Performance measurement.* https://mrsc.org/Home/Explore-Topics/Management/Performance-Management/Performance-Measurement.aspx

National Association of Social Workers (NASW). (2012). *Evidence based practice*. https://www.social workers.org/News/Research-Data/Social-Work-Policy-Research/Evidence-Based-Practice

Netting, F., Kettner, P., McMurtry, S., & Thomas, L. (2017). *Social work macro practice* (6th ed.). Pearson.

Office of Management and Budget. (2021). *Circular no. A-11: Preparation, submission, and execution of the federal budget*. https://www.whitehouse.gov/wp-content/uploads/2018/06/a11.pdf

Packard, T., & Beinecke, R. (2012). Leadership in the human services: Models for outcomes-driven organizational cultures. In J. Magnabosco & R. Manderscheid (Eds.), *Outcomes measurement in the human services: Cross-cutting issues and methods* (2nd ed.). NASW Press.

Royse, D., Thyer, B., & Padgett, D. (2015). *Program evaluation: An introduction to an evidenced-based approach* (6th ed.). Engaged Learning.

Schick, R., & Martin, L. (2020). *Human services contracting: A public solutions handbook*. Routledge.

Schmidt, R., Scanlon, J., & Bell, J. (1979). *Evaluability assessment: Making public programs work better*. U.S. Department of Health, Education and Welfare.

Suykens, B., Meyfroodt, K., Desmidt, D., & Verschuere, B. (2021). Does performance-based accountability impact how non-profit directors perceive organizational performance? Insights from rational planning. *Public Management Review* (online first), 1–28.

United Way of America. (1996). *Measuring program outcomes: A practical approach*.

United Way Worldwide. (2009). *Focusing on program outcomes: A guide for United Ways*. https://www.unitedwaynems.org/wp-content/uploads/2018/02/Outcomes_Guide_Final-08.28.09.pdf

Urban Institute. (2017). *Identifying racial and ethnic disparities in human services: A conceptual framework and literature*. https://www.acf.hhs.gov/sites/default/files/documents/opre/identifying_racial_and_ethnic_disparities_b508.pdf

W. K. Kellogg Foundation. (2004). *Logic model development guide*. https://www.wkkf.org/resource-directory/resources/2004/01/logic-model-development-guide

Wholey, J. (1983). *Evaluation and effective public management*. Little, Brown.

Wholey, J. (1994). Assessing the feasibility and likely usefulness of evaluation. In J. S. Wholey, H. P Hatry, & K. E. Newcomer (Eds.), *Handbook of practical program evaluation* (pp. 15–39). Jossey-Bass.

第二篇

問題分析／需求評量

- 理論對方案規劃的貢獻
- 瞭解社會問題
- 需求評量：理論考量
- 需求評量：測量方法

SERVICE

RELATIONSHIP

SUPPORT

ASSISTANCE

QUALITY

SOLUTION

GUIDE

HE

Chapter **2**

理論對方案規劃
的貢獻

本章綱要

本章目的是說明：

· 在瞭解社會問題時，為什麼運用理論很重要？
· 方案規劃為何要運用理論？如何運用？
· 如何區別實務工作本身的理論與實務工作中所使用的理論？
· 如何區別方案規劃本身的理論與方案規劃中所使用的理論？
· 策略規劃、管理規劃及方案規劃之間有何差別？

本章涵蓋的主題包括：

· 方案規劃的理論運用
　界定方案
　實務工作中所使用的理論
　規劃程序理論
　規劃類型
· 規劃程序理論在臨床實務的應用：用於個別案主的問題解決上
· 規劃程序理論在鉅視實務的應用：用於方案規劃的問題解決上
· 總結摘述
· 問題與討論

 # 方案規劃的理論運用

本書在1991年首次出版時，有位評論者曾做出以下評論：

> 本書相當有系統地討論成效導向社會服務方案的設計、管理及評估……它基本上就像按照食譜做菜，完成步驟A之後才能進入步驟B，每一個後續動作都要等前一動作完成後再進行。本書就是一本優秀的食譜書。

　　雖然我們很感謝上述的評論，但多年來，我們不斷思考是否應該更明確指出，這本書不僅僅是一本普通的食譜書，它並非只列出廚師需要的原料、先後順序、使用份量而已。我們一直認為這本「食譜書」能啓發更深的思考。它不只是照章處理就能開發出有效方案的操作手冊，專業讀者在這裏還會想知道：「為什麼」依照特定的原料份量與操作順序，可以做出預期的成品。

　　我們希望讀者瞭解本書有其基本假定，亦即方案規劃的背後具有理論基礎，它之所以能產生成效，乃是因為至少在兩個層次上結合了理論。

　　根據20世紀傑出社會科學家Karl Popper（1959）的觀點，沒有預定方向就去蒐集資料的研究者，不過是在瞎釣魚而已。他們以為只要蒐集足夠的資料，再花時間研究資料，不只可以找到答案，甚至可能還會浮現問題意識。這些研究者通常被稱為「公認的實證主義者」（rank empiricists），其中許多人利用統計技術如相關分析去處理數據，試圖從統計上的顯著相關找答案。Popper主張，社會科學研究不但要從發展假設開始，來指引蒐集和分析資料的方向，該假設還要有被驗證與推翻的可能。為了發展假設，研究者需有理論根據，假設經過檢驗之後也可能會回頭修正理論。

　　我們同意Popper的觀點。所謂的「方案」，亦即可產生預期成果的一組活動，它基本上就是假設。我們將「假設」界定為關於特定變項關係的一組陳述，它是從文獻與理論當中推導出來的。

　　Faludi（1973）是一位公認的重要規劃理論家，他將規劃看成問題解決的過程，從中區分出兩種規劃理論[1]。第一種理論關注規劃者採用的問題解決程序，它是在方案規劃中引領規劃者的一系列基本步驟。

---

[1] 譯註：Faludi（1973）提出的第一、二種理論類型分別被稱為程序性理論（procedural theory）與實質性理論（substantive theory），並強調前者的範疇涵蓋後者。建議讀者先掌握本章用語與這兩個概念的對應以免產生混淆：「規劃過程本身的理論」（"theory of" planning）、「規劃程序理論」（planning theory）等皆對應第一種類型；「規劃中所使用的理論」（"theory in" planning）、實質性理論等則對應第二種類型。

第二種理論讓規劃者瞭解他們想解決的問題，亦即理解問題「成因」（etiology）。雖然Faludi的用語有些拗口且容易混淆，但這是很實際且必要的區分。事實上，兩種理論都非常有用。前者關注問題解決的一般性程序，會用一套模型告訴規劃者需依循哪些基本步驟來達到預期結果，它為行動提供了藍圖。另一種理論的貢獻，是在前述指導問題解決的程序模型之下，讓問題解決者知道可採行什麼具體方法。這種理論可對正在解決的特定問題產生實質性的理解，它超越問題解決程序模型的「黑盒子」，具體說明黑盒子該放進什麼內容。本書同時應用了這兩種理論。問題解決程序模型成為全書章節順序的基本骨架。第二種理論則被納入每一個方案規劃的前期步驟，幫助我們解釋某一特定問題下的人類行為原因。

實務工作中所使用的理論

處理特定問題的實質性理論（substantive theory）幫助規劃者在問題分析時理解問題的成因（因果關係）。這對確定哪些因素與問題發生有關很重要，它告訴我們「什麼」才是需要被蒐集的資料。

我們以家庭暴力為例，說明如何應用這種理論，後續章節會反覆沿用這個例子，希望藉此引導讀者清楚看到每個步驟是怎麼建立在前一步驟的基礎上、如何將問題陳述轉化為假設，又如何將假設轉化為目的與目標的不同層次。家庭暴力有許多介入點，包括：(1)預防；(2)發生虐待時的早期介入；(3)向想逃離施暴者的婦女提供支持。三種切入點各有文獻與理論基礎，以下先以第三個切入點為例，將文獻鎖定在探討阻礙受虐婦女求助的個人與環境因素。

當一名婦女遭受伴侶施暴而求援時，如果她想更獨立自主，就得面對一連串的問題。例如不再回到施暴者身邊、獲得一份有意義的工作，或是擁有穩定的住所（Campbell & Lewandowski, 1997）。

受虐婦女常經歷憂鬱、廣泛性焦慮症、創傷後壓力症候群（Schmidt, 2014; Tolman & Rosen, 2001）、低自尊（Kirkwood, 1993）等情況。她們

可能在社交上處於孤立，活在任由施暴者控制的環境中，導致自我價值感與尊嚴被剝奪（Johnson & Ferraro, 1998; Macy et al., 2005）。受虐者常常因此有藥物濫用與依賴的情形（Fishback & Herbert, 1997）。最終，多數受虐婦女幾乎毫無收入、教育程度低、缺乏進入就業市場的技能，工作履歷也乏善可陳（McCauley et al., 1995）。

　　並非每位案主都會承受上述文獻提到的所有風險因素，但個案管理者有責任去判斷哪些風險發生在眼前的案主身上，才能提供適當的服務（從服務清單中挑選）、監測服務進展，並在最後評估成效。儘管我們很少用一些方案規劃的術語，但個案管理者在這裏確實是在做「假設檢驗」的工作。本節討論了理論在規劃步驟中扮演的角色，讓我們明白要達到成效就要做到哪些事。

規劃程序理論

　　方案規劃在方法學上的討論可追溯至許多規劃理論的源流，有些可上溯至二十世紀初期。但這不表示更早之前沒有規劃的概念。愛爾蘭紐格蘭治的史前巨石（大約建於西元前3200年）、位於吉莎的金字塔（西元前2500年）、英格蘭的巨石陣（西元前1800年），都是巧匠在規劃下完成的鉅作。甚至2000年前霍霍坎印地安人在美國西南部建造的運河，也經過縝密的規劃。然而，只有近代的規劃者才開始用文字寫下規劃。二十世紀前的規劃，多半是因應當下的緊張局勢發展而成。當時自由放任主義的經濟制度主導政治決策，允許極少數有權有勢的人為所欲為，幾乎看不見政府干預。當時的開發幾乎沒受到控制，因此紐約、波士頓、芝加哥等城市開始出現大量貧民窟。例如紐約在1910年有300萬人住在簡陋公寓，其中百萬家戶缺乏浴室設備、25萬人使用室外廁所、半數家庭必須與外人共用一間浴室。從社會改革者的多項調查可以看到當時層出不窮的問題，包括犯罪、人口擁擠、民生用水與廢棄物處理系統不足、髒亂、疾病等。此外，城市的綠地也被開發商占據，被拿來建造更多的廉價公寓。

這些城市的進步派人士組成聯盟，成功說服城市領導人認識到都市發展需要管控，於是引進住宅品質管制法規（housing code），要求建商在公共與商業利益之間達成平衡，並保留公園預定地。政府通過兒童勞動法，改善工安環境。但是這些還不算是成熟的規劃。在做調查之前，改革人士對解決方案本就胸有成竹，調查所得到的資料只是用來說服他人支持自己的建言。不管如何，這是史上第一遭，有人民站出來呼籲當私人利益（例如開發商的利益）威脅到公共利益時，政府就該介入。雖然我們原本就知道社區領導者也是既得利益者，會想獲得個人政治利益，但人民自此意識到政策對話可以納入更廣泛的利益考量。這種思維最終轉變爲規劃的基礎，都市與區域規劃、公共行政等專業都應運而生。這些專業肩負社會責任，確保政策有顧及到更廣泛的社區利益。

方案規劃的另一個理論源頭指向科學管理的年代。Frederick Taylor在1917年出版其鉅著《科學管理原理》（*The Principles of Scientific Management*），文中提出一個想法：規劃的基本觀念是「永遠都存在實現目標的唯一最佳方法」。由於Taylor受聘於一家鋼鐵廠，負責設法以最低成本達到生產目標，從中找到手段與終點的完美結合。於是他發明生產線的方法，把整體施作過程拆解成幾項基本單元。他強調透過「理性」規劃提高「效率」，主張我們應盡力找出各種可行的手段，然後逐一評估比較。

這些思潮在二十世紀中期交匯，學者和實務工作者對「規劃過程本身的理論」（theory of planning）紛紛提出各種理論形式。在Taylor的基礎上，Banfield與Meyerson（1955）進一步指出，有效的規劃要盡可能全面而周延。當規劃者完成需求分析而認定問題成因之後，就要確認問題解決的「所有」可能手段，並根據效率與成效評估每個選項（此即後文討論的成本效益分析）。一旦選出其中一項（即Taylor的唯一最佳方法），規劃者就要發展出目的與目標，回過頭來引導方案設計。

其他理論家，如Herbert Simon（1957）和Charles Lindblom（1959），基本上都同意這樣的規劃程序。但他們也體認到，要找出並分

析所有可能做法很不切實際，全面周延的規劃雖然理想，卻不可行也不實用。Simon主張「局部最佳化」（suboptimizing），亦即選擇一個可以滿足部分期望的選項，這比檢視所有可能選項後再找出唯一最佳解的「全面最佳化」（optimizing）更合理。他進一步主張：決策者要找的是足以滿足最低要求的行動路線。Lindblom則提出漸近主義（incrementalism）的概念並主張：決策者在實務工作中應關注的是如何改善現有體系的不足。本書基本上是採用局部最佳化或漸近主義的方案規劃取向，而非羅列並分析所有可能性的做法。

然而，我們並不是說全面最佳化毫無用武之地，它取決於問題牽涉的範圍有多廣。太複雜的問題就不適合用上述的局部性策略。戰爭、貧困、中美洲大規模的移民與歧視問題，都敦促政府與民間領袖承諾做出改變，而要解決這些問題就需要打破當前政治的保守界線，接受更基進的（radical）變革。「基進」的意思是去發現問題的根本原因，而非從當前體制找方法。第六章會為每一種取向提供示例。

規劃類型

人群服務領域主要會使用到三種規劃：策略規劃（strategic planning）、管理規劃（management planning）及方案規劃（program planning）。儘管這三種規劃目的不同，但都以前述「規劃過程本身的理論」（theory of planning）為基礎，皆以「理性」為前提制訂決策或解決問題，關注最終結果與手段、目標、介入策略之間的關係。此外，為了秉持理性，規劃者需要找出最有效率的行動路線，也就是最佳解方。

第一類規劃是「策略規劃」。為達成效，組織需要定期檢討所作為，判斷有無修正的必要，尤其是在瞬息萬變的環境中更應如此。策略規劃包含決定組織未來、設定目的與目標、確定實現目的與目標所需的資源，以及獲取與分配資源的方針。策略規劃通常會產生以下結論：

· 對願景的陳述。

· 對宗旨的陳述。

· 對策略方向的陳述。

· 策略分析。

· 策略目的。

　　策略規劃需要遠見，它可設定很多年後的願景，同時制定出三至五年內的細部計畫，通常由組織的理監事會、顧問委員及高階職員來參與規劃。

　　第二類規劃是「管理規劃」。其焦點放在管理者對組織所有現行方案的整體評估，確保一旦有了資源，就能以兼具效率與成效的方式，去實現策略規劃設定的目的。管理規劃從組織整體做考量，可以視需要適時地擴展、修改或終止特定方案。

　　第三類規劃是「方案規劃」。其焦點不在組織整體，而在開發一套活動，去實現組織宗旨的其中一環。

　　本書將重點擺在方案規劃，意在處理特定問題或需求。我們明白許多領域的理論創見，包含管理規劃、反思性實務、行銷理論、社會網絡，甚至是批判理論，都是管理與規劃的重要理論面向。然而，我們的重點是創造一套方案規劃的模式，幫助學生與從業人員理解成效導向的原則，同時也將其融入案主服務的過程。我們也知道一些更大尺度的議題確實是人群服務的重點，例如機構層次的經營、管理規劃、發展社區夥伴關係等，不過這些不在本書討論的範圍。

　　問題解決取向的規劃大多有共同的主題，其中兩個是「效率」（efficiency）與「成效」（effectiveness）。可惜這兩個概念很少被界定清楚，甚至常被誤用。此外，人們太常偏重效率而忽略成效。後面討論方案設計、評估及預算的章節會提到，效率關注輸入與輸出之間的比例，亦即投注的服務成本能產出多少服務量。所謂合理（或理性），就是選擇一種最低成本的解方或策略，因為這樣就能做更多服務。例如，如果一種策略是以每小時100美元的成本提供諮商，而另一種策略的成本是每小時125

美元。如果沒有其他條件差異，那麼我選擇前者就可以在四小時諮商後再多提供一小時。或者，如果一項方案以每人1,000美元的成本培訓1,000名案主，另一計畫卻能以每人750美元的成本培訓1,000名案主，我選擇後者就可用同等資源服務到更多人。假如沒有其他方面的差異，兩套方案的效率高下立判。

　　雖然上述思路對規劃非常重要，但別忘了還有另一個重點。不幸的是，人們往往只看效率，卻忽略了另一個同樣重要的概念，也就是「成效」。一套方案可能相對便宜（更有效率），但未必比較成功（更有成效）。如果我們發現有更貴的培訓方案能加倍改善育兒技巧，也確實能減少兒童虐待事件，那麼選擇高效率的方案前就該停下來三思。

　　儘管前文闡明了方案規劃與其他理論取向有相通之處，但近年來出現另一種備受關注的新興取向，即「資產規劃」（asset planning）或「資產拼圖」（asset mapping）。不可否認，方案規劃確實先假定有一個需要改善的「問題」存在，而這就成為問題解決過程的起點。一些規劃者則建議翻轉這種觀念，改以「優勢」（strengths）做為規劃的起點。他們相信這種觀點可以帶出積極的做法，而非只會強調消極的問題與需求。優勢觀點一開始要做的不是確認問題，而是確認社區領袖是誰？機構與組織做了哪些努力？社區擁有什麼資源？在規劃過程盤點出有利於社區發展的社區優勢清單。它還有促進社區參與的優點，讓社區居民最終可以自己制訂策略。我們明白把規劃看成「解決問題」過程確實有其局限，但它跟「優勢觀點」各有適合發揮之處，兩者終究也有一些共通性。在第五章〈需求評量：測量方法〉的「運用資源盤點」與「進行社會調查」兩小節中，會討論到許多資產拼圖的元素。

　　後續章節在說明方案規劃取向時，重點將放在如何找出平衡效率與成效的問題解方，亦即用最合理的成本創造最可能達成目標的方案。

規劃程序理論在臨床實務的應用：用於個別案主的問題解決上

跟案主或患者一起解決問題時，個案管理者（此術語在此以廣義方式使用，包含任何與案主直接接觸的人群服務工作者）會實施一系列的活動或步驟：

- 蒐集資料與資訊（輸入階段）。
- 根據蒐集的資料評量問題（輸入階段）。
- 發展處遇計畫（過程階段）。
- 執行計畫（過程階段）。
- 監測進展（輸出／成果階段）。
- 評估（成果階段）。

個案管理者一開始需要蒐集資料與資訊，藉以評量現況，才能更瞭解問題在哪、可能要做什麼去解決。接案的資料有助於瞭解案主是誰。這些資料通常包括：

- 人口統計學資料：如年齡、性別、種族、婚姻狀況、教育程度、收入等。
- 社會生活史資料：包含圍繞著問題的相關資訊，如過去藥物濫用的情形、心理疾病狀況等。
- 問題成因資訊：治療師為了確認問題發生的原因，或是為了釐清讓案主陷入問題的風險因素，而蒐集到的資訊。

這些資料可幫助治療師進行診斷或發展處遇計畫。整個過程的六項措施（蒐集資料與資訊、根據蒐集的資料評量問題、發展處遇計畫、執行計畫、監測進展、評估），共同構成「問題解決的方法學」（problem-

solving methodology）。

 # 規劃程序理論在鉅視實務的應用：用於方案規劃的問題解決上

　　雖然這裏使用的術語可能與上一節有所不同，但本節的規劃程序理論基本上與上述臨床實務範例並無二致。

問題分析與需求評量

　　第一項規劃任務是對整個系統進行評量。問題分析所有的概念方法都強調必須去確認問題發生的原因。需求評量則緊接於問題分析之後。這整段規劃任務的目的是估計標的人口群（target population），也就是處在危機下的人數。這個階段最後會發展出假設，亦即一系列「若……，則……」的陳述，宛如一幅路線圖，指出你想去何處及如何實現。

建立目的與目標

　　第二項規劃任務是將假設轉化為目的與目標。這裏要注意：目標能被測量的程度，將決定方案能被明確評估的程度。此外，目的與目標跟假設一樣，是一系列層次分明的陳述，要實現高階目標就要先達成低階目標。

設計方案

　　第三項任務是發展出介入措施，也就是方案。如果目的與目標是假

設轉化後的產物，那麼方案內容就是目的與目標再轉化的產物。然而，方案不使用敘事性的描述，而是採用當初在商業領域發展出來的架構，將每一個方案元素界定清楚。

發展資料蒐集系統

完成前一個任務後，要把方案設計列出的方案元素轉成一套資料蒐集系統，讓管理者能夠持續監測方案進展。

發展監測與評估計畫

資料蒐集系統同時提供了監測和評估方案成效所需的資料。這個階段也需要處理好後續要用的評估設計。

方案規劃中所使用的理論

前文有個小節曾經從臨床角度探討理論應用，主張臨床工作者須瞭解個別案主所遭遇的問題。以家庭暴力為例，治療師必須找到阻礙案主自立的因素，然後針對這些因素提供服務。幫助治療師瞭解個體問題的過程，本質上與方案規劃的過程相同，都是經由人類行為理論來理解問題成因。由於方案參與者的需求各不相同，具體的服務項目就要從一個較大的服務列表中選取，以求服務盡可能貼近方案對象的需求。之前確認的各種障礙因素都可將其轉化，形成社區各種可能的服務項目，諸如：

‧庇護所（中途之家）。
‧個案管理。
‧危機諮商。

‧醫療照護。

‧法律服務。

‧幼兒托育。

‧財務規劃。

‧職訓與就業服務。

‧短期與長期諮商。

　　本章傳達了理論不僅是方案規劃的重要面向，更是不可或缺的部件。我們用兩種方式使用「理論」這個概念，分別是「規劃過程本身的理論」（theory of planning）與「規劃中所使用的理論」（theory in planning）。前者為規劃者提供問題解決的基本程序，包含從問題分析開始，直到方案實施後制訂評估策略的一系列任務步驟。後者則可用來確認導致問題發生的因素，讓規劃者瞭解應該如何介入，亦即應該具體提供哪些服務。**圖2-1**呈現問題解決程序應用於臨床工作和方案規劃的相似之處。下一章會開始介紹有關問題分析的一系列活動。

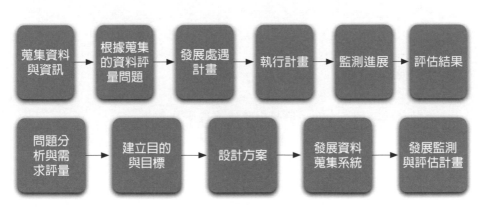

圖2-1　臨床實務與方案規劃在問題解決過程之比較

總結摘述

本章介紹了全書方案規劃模式或架構的理論基礎。這套模式並非新創，它基本上就是上個世紀占據主導地位的理性規劃模式（rational-planning model, RPM）。它之所以能延續到今日，是因為兼顧效率（最大化地利用有限資源）與成效（實現期望成果），在兩者之間取得平衡。

有一點必須特別注意，RPM常被視為線性的問題解決模式，但它的步驟應該可以反覆來回。雖然每個步驟接著前一步驟的完成，但之前的工作並非不能修改。隨著方案向前邁進，規劃者有時會意識到需要回頭修正前期的工作。

此外，本章強調在開發方案時，要先通盤瞭解我們想解決的問題，它有描述性的層面（例如標的人口群的特徵、問題的規模等）也有解釋性的層面（問題的成因，包括問題發生的相關因素）。最後，本章將方案規劃置於更大的一般性規劃架構中，並闡明三種主要規劃類型的相依性，這些類型包括策略規劃、管理規劃，以及方案規劃。

問題與討論

1. 為什麼理論的概念在討論規劃時總是這麼重要？
2. 「過程本身的理論」（theory of）與「過程中所使用的理論」（theory in）有何不同？
3. 「理性規劃」這個詞的涵義為何？
4. 效率與成效有何不同？
5. 「問題解決」取向與「優勢」取向有何不同？

參考文獻

Banfield, E., & Meyerson, M. (1955). *Politics, planning and the public interest: The case of public housing in Chicago*. Free Press.

Campbell, J., & Lewandowski, L. (1997). Mental and physical health effects of intimate partner violence on women and children. *Psychiatric Clinics of North America*, *20*, 353–374.

Faludi, A. (1973). *Planning theory*. Pergamon Press.

Fishback, R., & Herbert, B. (1997). Domestic violence and mental health. *Social Science Medicine*, *45*, 1161–1176.

Johnson, M., & Ferraro, K. (1998). Research on domestic violence in the 1990's. *Journal of Marriage and the Family*, *62*, 948–960.

Kirkwood, C. (1993). *Leaving abusive partners: From the scare of survival to the wisdom of change*. SAGE.

Lindblom, C. (1959). The science of muddling through. *Public Administration Review*, 19, 79–88.

Macy, R., Nurius, P., Kernic, M., & Holt, V. (2005). Battered women's profiles associated with services helpseeking efforts: Illuminating opportunities for intervention. *Social Service Research*, *29*(3), 137–150.

McCauley, J., Kern, J., Koladron, D., & Dill, L. (1995). The battering syndrome: Prevalence and clinical characteristics of domestic violence in primary care. *Annals of Internal Medicine*, *123*, 737–745.

Popper, K. (1959). *The logic of scientific discovery*. Basic Books.

Schmidt, I. (2014). Addressing PTSD in low-income victims of intimate partner violence: Moving toward a comprehensive intervention. *Social Work*, *59*(3), 253–260.

Simon, H. (1957). *Administrative behavior*. Macmillan.

Taylor, F. (1917). *The principles of scientific management*. Harper & Row.

Tolman, R., & Rosen, D. (2001). Domestic violence in the lives of women receiving welfare. *Violence Against Women*, 141–158. *h7*

SERVICE

RELATIONSHIP

SUPPORT

ASSISTANCE

QUALITY

SOLUTION

HEL

GUIDE

Chapter **3**

瞭解社會問題

 處理社會問題

本章綱要

本章目的是說明：

· 審慎思考社會問題內涵的重要性。
· 過去界定社會問題時常犯的錯誤。
· 界定社會問題較有效的一種方式。
· 如何運用標準去界定問題。
· 如何透過一系列有關社會問題與受影響群體的提問架構，更明確地瞭解和界定社會問題。

本章涵蓋的主題包括：

· 處理社會問題
· 用解決方法陳述問題
  這種取向的限制
· 新取向的需要
· 確認社會條件
· 界定問題
  社會問題與判定標準
· 問題分析的架構
· 總結摘述
· 問題與討論

處理社會問題

　　合理的社會方案必須能處理已被確認的社會問題，而這些問題會在處理過程中轉換為目標群體的需求。儘管方案實施後常因機構要求而調整，導致偏離最初的焦點，但所有方案的原始設計都要鎖定明確的案主需

求，再從方案能滿足需求的程度來衡量方案有多完整或有效。這是社會服務方案的「底線」，因爲我們絕不能用利潤或損失去衡量方案成敗。雖然商業界很重視損益，但社會服務領域需要超越這一點，這裏最該在乎的是如何以兼具效率與成效的方式滿足案主需求。接下來，我們會解釋如何去釐清問題、案主需求及方案三者間的關係，進而更透澈地瞭解社會問題。

問題分析與需求評量是方案規劃的第一步，後續還包括：構思一套有明確目的和目標的指導性架構、選擇並實施特定介入措施、計算方案執行所需的資源，以及管理監測、評估及回饋程序。

這些工作通常需要很多人參與，包括鑽研該問題的專業、熟悉服務執行的行政主管、親身經歷問題的人……等等。我們統稱這些人爲「方案規劃者」（program planners）。人群服務的專業人士生涯中幾乎多少都擔任過方案規劃者。一些大型且資金充裕的機構可能會聘用專職的規劃者，但多數的社會服務機構會指派社會工作者、督導、行政主管同時負責規劃，然後再找許多外部人士合作開發方案。

若要有條理地規劃方案，我們建議規劃者從下列提問開始切入：要解決的問題是什麼？它有哪些面向和成因？遭遇這些問題的人有何特徵？多少人被問題影響？能否指出這些人的分布區域？

成效導向的規劃主張：要能回答這些問題，人的需求才能得到回應。乍看之下，要求回答這些問題既合理也必要，可是一般機構卻常常忽略或敷衍帶過，爲什麼？

用解決方法陳述問題

原因或許可以在以下情節看到。無論您有沒有類似經驗，這個情節描繪出許多社區的常態。情節如下：一所關心受暴婦女的機構（例如家暴協會），正規劃著解決問題並滿足這些婦女的需求，因此邀請當地所有服務受暴婦女的機構派人出席商議，希望這個討論不僅能確定問題與需求，

還能確立優先處理事項和遠程的藍圖。在主持人說明會議目的之後,開始請與會者輪流分享他們對問題、需求及優先處理事項的看法。

第一位發言人是一家庇護中心的方案主管,她介紹了自己機構的方案以及服務的婦女暨兒童人數,並下結論說:根據這些資料,我們需要提供更多床位。接下來,一位當地諮商中心的社工談到有太多婦女需要個別與團體諮商,所以呼籲優先考慮招募培訓社工,以提供更有效的服務給她們。第三位是縣立醫院的護理督導,她指出許多受暴婦女是被警察帶到急診室,而警察多半不知道自己第一時間的接觸處理對她們有何影響,從很多案例看到的卻都是負面影響,於是建議優先安排一套警察的訓練方案。接下來是兒童保護服務的代表,他認為即使只是目睹暴力,對兒童而言都是一場悲劇,於是提出專業兒童治療師的需求。隨著會議進行,縣立法律服務中心代表提出需要額外的法律服務,當地就業中心則說需要做就業培訓。結束時,主持人感謝與會成員,並承諾根據大家的「規劃」意見起草一份服務規劃報告。

如上所述,許多規劃一開始會以為問題已被充分瞭解,解決方法也清楚。實際上,我們經常以解答的形式陳述問題,而且喜歡用「更多」這個字眼來描述問題,比方說「需要更多醫生」(或護理師、社工、諮商師、日間托育中心、醫院床位、培訓名額等)。無論社區中的問題或標的人口群為何,這類說法都有一個根深柢固的觀念:問題終究是缺乏資源,只要資源充足,我們就知道該怎麼做,就算不能完美解決,也能解決大部分的問題。

這種取向的限制

增加資源未必是永遠的答案。時代在變、情況在變、人們在變、問題也在變。有問題就繼續擴增資源這種「例行公事」(business as usual)的觀念,到頭來可能是錯的。若我們從新的角度分析社會條件與問題,可引導出不同的介入措施或方案。

　　例行公事的心態是情有可原的，因為我們相信自己的服務專業，所以會爭取更多資源來提高既有的服務量。但這往往會落入僵化，封閉靈活解決問題的潛能，也阻礙我們嘗試革新。

　　方案規劃往往太顧慮組織或舊方案的存續。方案主管很喜歡用機構的服務總和來界定組織目標，而機構職員常常只從他們能做的服務來看待潛在案主。例如高齡者常被歸為需要居家服務、送餐服務、安養照護的群體；心智障礙者可能被看成需要安置、特殊教育、訓練的族群。就算這些方法不再適用於該對象，觀念在短時間內仍然改不過來。

　　數年前，某位新執行長接手一所民間機構，該機構長久以來由高素質的治療師為家庭提供直接服務。新執行長想嘗試一項新方案以完善整體服務。新方案把焦點放在重度身障者的家庭，但不預設這些家庭想要諮商，而是先問照顧身障者的家人哪些服務可能對他們有幫助，然後根據其需求試著提供服務，最後再判斷哪種服務或服務組合真的能幫助照顧者堅持下去。治療師們起初支持這個構想，直到得知初步的服務評量不是由他們自己來做，而是由治療師以外的人負責時，態度就改變了。這項新方案最終沒有實施，正是因為它威脅到專業人員，諮商師們擔心這些家庭沒這麼想要諮商。

　　無論是哪種體系，這種貼標籤的現象可能從接案就開始，然後貫穿整個案主與機構的接觸過程。常看見機構開始引入某種服務時，本來只是一種「可能」的協助方法，但很快就變成「唯一」的方法。起初被開發來造福特定對象的服務，後來竟喧賓奪主，很少被質疑是否適用。當我們把規劃的眼光放在既有的服務體系，往往會去強調組織管理、很想提高舊體系的效率，卻很少退一步反思這些服務的目的或質疑它們的成效。

　　若把眼光局限在舊方案和服務，就會安於現狀、阻礙新嘗試，就算有什麼小改變也不會動搖到現有的體系。這在現實中造成的後果是：即使服務體系與經費在過去30到35年來均大幅膨脹，拿這些資源來處理的社會問題依然存在。由於經費不斷挹注卻仍不能解決嚴重的社會問題，已激起一股改革的壓力，迫使我們去改變體系、嘗試新的程序。以為擴增資源就

能達到舊體系設定的目標，現在已經是一種妄想。

因此，瞭解社會問題的要領包括：

- ·問題分析應是規劃過程一系列活動的前導工作。
- ·問題分析一開始應把焦點放在瞭解問題，而非提出解方。
- ·問題分析應以全新的視角來看議題，而非預設要提供某種特定服務。

新取向的需要

前述的改革壓力讓我們體認到，我們需要更好的方式來瞭解問題與解決問題，數據資料不再是用來辯護預定服務的手段，而是清楚理解社會問題的工具，也幫我們確立更有效的方案走向。這在一定程度上推動了「成效導向的方案規劃」。

現在的決策過程可能永遠都不會是脫離政治環境的純技術性過程。然而，這不代表決策不該經過健全的技術分析。我們需要兼顧政治和技術因素，嘗試建立一套更合理的決策過程。

因此，規劃的第一步就要做好問題分析與需求評量。這項活動把焦點放在人們的問題和需求，而不是現有的服務網絡，藉此擺脫安於現狀的心態。圖3-1說明以問題和需求為基礎的規劃方式，以及它與「例行公事」取向的差別。前者是從確認社會條件開始著手。

確認社會條件

問題分析常讓人忍不住就直接跳到界定問題，然而不成熟的定義會對問題產生不成熟的定論。方案規劃者應該先瞭解社會條件，亦即調查現象之後得出的事實或統計結果。這些事實可以告訴我們：有多少人正處在

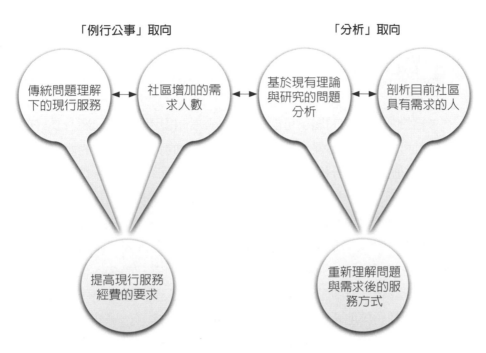

「例行公事」取向　　　　　　　　　「分析」取向

傳統問題理解下的現行服務 ↔ 社區增加的需求人數　　　基於現有理論與研究的問題分析 ↔ 剖析目前社區具有需求的人

提高現行服務經費的要求　　　　　重新理解問題與需求後的服務方式

圖3-1　兩種問題分析取向之比較

這種社會條件之下？他們是誰？住在哪裏？輕微、中度、重度影響的人數各有多少？對社會條件描繪出一個輪廓之後，才能進一步瞭解問題。

　　「社會問題」是需要與「社會條件」對比的另一個概念。個人將主觀價值的參照框架帶入某種社會條件之後，才會把該社會條件標示爲問題。《韋氏字典》（*Webster's Dictionary*）將「問題」（problem）界定爲「困擾的來源」（source of distress）。另一方面，社會條件的「條件」（condition）可被界定爲社會事實，亦即獨立存在且不帶價值詮釋的客觀資訊。以下範例可澄清這兩個詞彙的差異：報告某個家庭在2020年的收入爲兩萬美元，只是描述該家庭的收入條件。兩萬美元的收入是一個社會事實，也只是一個社會事實。若要將兩萬美元的家庭收入標示爲社會問題，需要將某些參照框架帶進該社會事實的判斷中。

 界定問題

　　未經恰當界定的問題很可能無法被解決。相反地，若問題有良好的定義，就可能被成功處理，當然前提是有足夠的資源和適當的服務。然而，我們須明白問題分析在本質上更像一門藝術而不像科學。如果它是科學，就只會有一種分析方法，且無論有多少規劃者參與分析、是共同還是個別進行分析，只要經過科學客觀分析的結果總會得出相同結論。

　　曾經在一門社區規劃的研究所課程中，學生要參觀某個鄰里（每組有四名學生，每組發一張區域地圖）完成以下的作業。首先，他們要走訪鄰里並個別報告（非團隊報告）自己看到什麼以及對鄰里觀察下結論。其次，他們要利用該地區普查資料來分析這個鄰里。最後，去訪談服務當地的社福機構人員，請他們依自身經驗來描述這個鄰里。我們發現，學生隨著加進更多資訊，確實會改變對整個鄰里的觀感，這雖在意料之中，但我們另外發現：僅根據第一個走訪觀察所做的個別報告存在巨大差異，即使同一組的學生之間也是如此。例如，一位學生從住房條件看到貧困，而另一位學生從街上玩耍的孩子、成人與鄰居的交談過程看到一個安全穩固的鄰里。

　　雖然問題分析涉及眾多創意活動，它仍有基本的理路，且這些理路都經過驗證。然而，我們發現不同的方案規劃者在評量同一情境時，仍會因個人的背景、訓練、經驗及價值觀，而有天壤地別的結果，然後對問題產生不同的研判和結論。

　　其實在分析社區問題時，追求科學客觀性既不符合現實，可能也不可取。正如社會科學承認科學不可能存在真正的客觀性，追求客觀的問題分析也就不現實。另外，有些人假「科學客觀」的中立之名，實際上是依照主流價值強將某種情況標示成「問題」，這是不可取的。

社會問題與判定標準

判定一事實是否為問題的第一種方式，是引進某項評量個別情況的標準。假設一個由四人以上組成的家庭在2020年收入為兩萬美元，那麼根據美國聯邦政府設定的貧窮標準，他們那一年就是生活在貧窮線以下，且任一戶四人家庭若收入低於25,100美元就會被判定為貧窮。如果一戶家庭由單親和一個孩子組成，或者家中只有一對夫妻但沒有小孩，兩萬美元收入將使他們超過貧窮線。如果一戶雙人家庭的總收入低於16,460美元，則被歸為貧窮。兩萬美元的收入事實沒有改變，只是家庭人口不同，對收入的認定就不一樣。這裏判定家庭是否落入貧窮的標準是：一個特定大小的家庭，其收入水準是否無法滿足基本需求。

將某個收入水準（社會事實）標示為貧窮（社會問題）的第二種方式，則不單靠收入作為絕對的界定標準，還要講清楚這樣的貧窮是怎麼連結到其他公認的社會問題，例如健康不良、學業表現差、居住環境惡劣、依賴社會福利補助金、青少女懷孕等。

當某社會條件被人認為是負面、有害或病態，這些條件就轉變成問題，但有些人可能會抱持相反觀點。一個群體可能認為某社區的住宅「未達標準」，理由是社會事實或條件低於政府制訂的標準（聯邦政府對住宅環境「未達標準」的定義涉及衛浴設備不足、暖氣不夠、用電設施不良、居住空間過度擁擠等），然而另一群人可能有不同意見。無家者可能認為那些住宅還遠優於他們現在住的環境；或許還有人認為，如果要求房東（假設房東自己不住在這間房子）改善這些住宅，他們會提高租金，導致一些低收入戶被迫搬走。

有鑑於對同一種社會條件可存在不同的解讀，規劃過程就需要通盤考慮多方觀點，否則可能會出現偏頗的分析，而且未來執行時可能引起公共政治的反彈。

總之，問題分析須謹記下列要點：

．切入的第一個焦點須放在社會條件或社會事實上。

．當一種條件被判斷為負面、有害或是病態時，它就轉變成問題。

．必須知道誰把該社會條件判定為問題，以及為什麼這樣判定。

 ## 問題分析的架構

　　本書在此整理出一系列的提問，這個架構可幫助規劃者循序做好問題分析。這些提問引導我們思考現狀的本質、受威脅的社會價值、現狀被認可的程度、問題的規模，以及問題的成因（etiology）。這些面向可精簡為九項提問，分述如下：

1.現狀或社會條件的本質為何？

　　在回答這起始的提問時，規劃者須盡量蒐集不同個體和群體的事實資料與看法，以確保考慮到所有觀點，同時避免倉促認定問題。調查對象包括服務提供者、社區領袖和受問題影響的人。例如，如果關心的議題是增加中的家暴案件，就不會只向專業服務人士蒐集資訊，也會向其牽涉的人蒐集資訊，像是受暴婦女和她們的小孩、社區領袖、警方、神職人員等。

2.如何界定相關的術語？

　　許多方案提前終止或導致無效的原因之一，是所有參與規劃的人對問題理解不一致。例如，在關注社區失業問題的方案中，「失業」（unemployment）這個術語可能單純指正積極找工作的人，也可能包括長期求職未果的「灰心失業者」（discouraged jobseekers）和只兼職或每年工作少於50周的「就業不足者」（underemployed）。同樣地，諸如兒童

虐待、家庭暴力和無家可歸等術語都需要明確定義。規劃者們必須在所有術語的意義理解上達成一致，才能對問題定義和標的人口群有所共識。

3.經歷該社會條件的人有何特徵？

這個問題緊扣著前一項提問。回答此問題涉及用社會人口統計學的術語描繪那些遭遇問題的人：他們是誰？有什麼特徵？例如若規劃者們關注家暴問題，並已對定義達成共識，緊接著就要描述受暴婦女的特徵。在美國的多數社區中，受暴婦女可能包含許多不同的次群體，而非同質性很高的單一群體。其中一部分可能有年幼子女，另一部分可能有心理問題，還有一部分可能是藥物濫用者。如果沒有這些資料，規劃出來的方案和服務只會適用於某類或某幾類人。現在問題分析的技術有選擇性，因此具有一定程度的政治考量。

4.符合該社會條件的規模和分布情形為何？

此處需透過調查去估計受影響的人數及其區域分布。這些資料呈現兩種資訊：(1)人數的估計，藉此推論得花多少力量去扭轉該社會條件；(2)符合條件者的分布情形，亦即是否集中在某個地理區域，這讓規劃者在思考服務策略時取得初步的方向。

5.該社會條件威脅到何種社會價值？

我們要盡可能弄清楚：若社區居民知道該社會條件的存在，會如何回應？例如，如果該社會條件顯示社區有多少受暴婦女及子女，居民一般的反應是什麼？人們會關心這些家庭的安全嗎？他們贊成受暴者透過保護協助來獲得穩定的生活嗎？社區居民、社區領袖、媒體以及各利益團體的看法，都會影響稍後判斷該社會條件是否應被視為需解決的問題，尤其考

慮到現實資源有限，其他弱勢群體如無家者、慢性病患、社交孤立的長者
和精神障礙者，又各自有爲他們倡議爭取資源的人。

6.符合條件的現狀有多廣泛？

瞭解社區潛在的支持心態對日後行動非常重要。如果大部分民眾還
缺乏相關體認，可能需要在介入前實施社區公共教育。萬一只有少數的專
業人士、機構，以及親身經歷者才知道眞實狀況，社區很難有正面的回應
與支持。過去無家者與愛滋病的問題就證實了這一點。在1980年代初期，
很少人關心這些問題。許多人認爲這些問題規模小，僅涉及特定人群。只
有普羅大眾和社區領導者認識並更瞭解這些社會條件之後，才催生社區行
動。家暴問題也是因爲愈來愈多人體認到它已日益嚴重，才開始被正視。

7.誰來認定該社會條件是個問題？

這裏衍生的問題是：哪些人會支持或反對處理這種情況？方案規劃
的問題分析非常不同於傳統研究框架下的問題分析，它不僅要探討對象
（who）、內容（what）與地區（where）等議題，還要分析政治環境。
評估社區是否準備好要解決這個問題，以及他們願意投入多少資源，是問
題分析很重要的一塊。

任何情況都可能有一群人主張某社會條件是問題，另一群人沒有意
見，還有一群人反對解決或改變現狀。例如，若要改善住宅的標準，房東
和其他既得利益者都可能反對。最近的一個例子是美國對來自中美洲數萬
兒童移民的反應。有些人希望幫助這些兒童，卻有另外一群人以肉身阻擋
載運這些孩童到處理中心的巴士，希望立即遣返他們。在各種社會服務領
域中，只要涉及經費，就會有競爭者出來爭奪有限的資源，也就會出現反
對的聲浪。

無論如何，找出潛在的反對勢力是必要的，不然後期的規劃和執行

可能會以失敗收場。力場分析（force field analysis）提供了一種策略來完成這個任務（有關此策略的討論，參見Netting et al., 2017）。

8.問題的成因為何？

這項提問促使我們思考最關鍵的部分，即確定問題成因。切中問題成因的介入能產生正向的成果，不然結果將讓人失望。

回顧相關的理論和研究文獻，以及瞭解問題的發展歷史，通常會有助於找出問題成因。流行病學模型（epidemiological model）可幫助我們確定成因，這套方法假定事件存在因果鏈，如果能改變或打破其中一個鏈結，那麼問題就可以解決，或至少能成功解決到某個程度。

傳染病的相關文獻有兩則經典案例，一是十九世紀霍亂疫情的處置，二是二十世紀初撲滅瘧疾的運動。在第一個例子中，John Snow注意到倫敦感染霍亂的人可能使用一個水源，即布羅德街泵。當關閉這個水源後，疫情就得以緩解（Summers, 1989）。在第二個例子中，Walter Reed等人發現，只有同時存在三個要件時才會出現瘧疾，包括感染疾病的人體、病媒蚊的存在，以及滋生蚊蟲的潮溼地。基於這種因果鏈的假設，他們開始清除病媒蚊孳生地，從而減少瘧疾的發生（參閱www.wramc.amedd.army.mil/welcome/history）。最近，流行病學思維讓我們更能理解當前的各種傳染病，例如性病和愛滋病。

雖然流行病學模型較難處理多重原因或非傳染性的問題，但它對問題思考是很有用的參考架構。Cloward等人（1959）在處理青少年犯罪時就納入了這種方法。他們假設犯罪行為是「機會受阻」（blocked opportunity）所致，這些阻礙包括無作為的教育體制、無法取得醫療服務、受到歧視或差別待遇、貧窮以及住宅品質低劣等。因此他們的介入重點是排除這些阻礙。然而，與上述傳染病例子不同，在社會問題使用這種方法是靠介入與成效之間的相關性、聯繫性和概率性，而不是傳統意義上的因果關係。在傳統意義上，因果關係的前提是一個因素的出現必導致發

生另一事件，而且若無前者，後者就不會存在。例如，我們說吸煙導致肺癌，但並非所有吸煙者都會罹癌，也有不吸煙者罹患癌症，這就不屬於傳統意義的因果關係。

　　在有多重原因的社會問題中推測成因可能具有風險。方案規劃者們對問題擁有的知識與資訊，會影響他們能否準確且有效地對因果關係達成共識。這樣的共識極其重要，它是設計介入措施的前提。

9.是否需要考慮族群和性別因素的影響？

　　雖然早期的分析架構並不重視這項課題，但近幾年已不同以往。隨著討論文化和性別的文獻愈來愈豐富，規劃者也須意識到社會問題和介入措施會對種族和性別造成什麼影響，以及種族和性別又會如何反過來影響規劃。

　　就算同一套介入措施可並行於不同群體，但執行方式仍須考量文化和性別因素而調整。有些研究者已開發出女性主義和具有種族敏感度的介入方法（參見Anderson & Carter, 2003; Appleby & Colon, 2007; Cross et al., 1989; Lecca et al., 1998; Locke, 1992; Weil et al., 1998）。當方案與這些群體會相互影響，就該探討這方面的文獻。

　　總結而言，在規劃背景下的問題分析與傳統研究框架的問題分析有明顯不同。它不但包含對象、內容本質，以及地區等議題之探討，還要分析政治環境的影響、評估社區是否準備好應對問題，以及衡量社區願意投入多少資源去解決問題。最後，規劃者務必瞭解與問題有關的歷史發展、理論和研究結果，方能提出因果關係的假設，並確認是否要考慮性別和種族方面的課題。

 總結摘述

　　本章非常強調：「切勿」低估界定問題所花費的時間。方案開發者往往急於提出解方。無論這些解方合不合理，到頭來卻會鞏固現有的體制。增加例行性實務工作的資源多半無法實際解決問題。因此，我們主張方案規劃之初必須專注於問題本身，先不要談解決方法。

　　本書討論了一些不同的取向，鼓勵規劃者更全面理解問題後，再設計介入措施。這些取向幫助我們更深入理解標的人口群，並釐清圍繞著問題發生的相關因素。後續兩章將闡述界定標的人口群的各種概念架構和方法。

 問題與討論

1.若將問題界定為缺乏資源，所造成的主要缺失為何？

2.社會條件與社會問題有何差異？

3.引入標準對於界定問題有哪些用處？

4.流行病學對於問題分析的特殊貢獻為何？

5.問題分析要如何兼顧技術性與政治性？

參考文獻

Anderson, J., & Carter, R. (2003). *Diversity perspectives for social work practice.* Allyn & Bacon.

Appleby, G., & Colon, E. (2007). *Diversity, oppression, and social functioning: Person-in-environment assessment and intervention,* (2nd ed.). Allyn & Bacon.

Cloward, R., Ohlin, L., & Piven, F. (1959). *Delinquency and opportunity.* Free Press.

Cross, T. L., Bazron, B. J., Dennis, K. W., & Isaacs, M. R. (1989). *Towards a culturally competent system of care.* Georgetown University Child Development Center.

Lecca, P. J., Quervalu, I., Nunes, J. V., & Gonzales, H. F. (1998). *Cultural competency in health, social and human services: Directions for the twenty-first century.* Routledge.

Locke, D. C. (1992). A model of multicultural understanding. In D. C. Locke (Ed.), *Increasing multicultural understanding: A comprehensive model* (pp. 1–14). SAGE.

Netting, F., Kettner, P., & McMurtry and Thomas, L. (2017). *Social work macro practice,* (6th ed.). Pearson.

Summers, J. (1989). *Soho: A history of London's most colorful neighborhoods.* Bloomsbury.

Weil, M., Gamble, D. N., & Williams, E. S. (1998). Women, communities, and development. In J. Figueira McDonoughF. E. Netting& A. Nichols-Casebolt (Eds.), *The role of gender in practice knowledge,* (pp. 241–286). Garland.

Chapter 4

需求評量：理論考量

本章綱要

本章目的是說明：

- 「需求」一詞的含意，以及為何使用這個詞彙時要力求精確？
- 過去如何界定「需求」？
- 界定需求時，整合質性與量化層面的重要性。
- 需求定義如何隨著界定它的各種因素而改變？
- 不同觀點會如何改變需求的定義？
- 為何辨識危機人口群應該心存謹慎？
- 為何在尋求支持性資料的同時，更要驗證資料來源的可靠性？

本章涵蓋的主題包括：

- 需求的概念
- 從理論架構瞭解需求
- 需求評量與規劃過程
- 影響需求定義之因素
- 需求的不同觀點
  規範性需求
  感受性需求
  表達性需求
  相對性需求
  應用範例
- 需求類別與規劃過程
- 判定誰具有需求
- 兩個主要問題：資料的可靠性與可獲取性
- 總結摘述
- 問題與討論

 # 需求的概念

　　爲了說明需求的概念及其在人群服務領域的應用，我們先舉個簡單而常見的例子。某社區據報有藥物濫用增多的徵兆，於是相關單位指派專案小組到當地勘查。調查過程中，社區的重要人士分別與專案小組談到他們的看法：警察局長認爲社區需要強化警力；一位大型企業的高級主管主張在職場做大量的藥物篩檢；一名社會服務機構的主管建議增加藥物濫用者的處置和復健服務；當地民意代表則相信有必要加重刑責和增設監獄。如果缺乏一套瞭解需求的架構，專案小組的報告最後可能會包山包海地堆砌各方見解，又或偏袒最有權勢者認定的需求，但兩種做法都沒有深刻理解需求。

　　在判斷個人或群體是否具有某種需求時，須把目前的社會條件拿來與社會公認的標準對比。如果社區現狀高於該標準，則沒有需求，低於標準則存在需求。這裏的難處是如何制訂這些標準，它們通常模糊、難以捉摸且不斷變動。本章後面幾節會探討制訂標準的各種論點，但這裏要先討論需求本身的兩種理論觀點。

 # 從理論架構瞭解需求

　　Ponsioen和Maslow兩位理論家分別對需求的概念提出有用的見解。Ponsioen（1962）主張一個社會（或社區）的首要責任是滿足成員的基本生存需求，包括生理、社會、情緒和精神方面。儘管每個時代對這些需求的定義可能不同，但每個社會或社區總會認定一個所有人都應達到的最低滿足水準。在這個架構下，當有人連「必要」的物資和服務都無法獲得，而其他人卻可以，社會就會產生需求。需求在這種意義下是相對的，方案

規劃變成分配與重新分配的議題。

　　Maslow（1954）的取向略有不同，他主張以階層的方式探討需求。依此見解，人們意識到的需求遵循由下往上的順序，只有更基本或更低層的需求得到滿足後，才會關注更高層的需求。更具體地說，除非滿足了生理上的生存需求（例如食物和住所），否則人們不會太關心安全需求。滿足第二層需求後，人們才能關注愛與自我實現等更高層次的需求。

　　這些理論概念看似與實際的方案規劃有段距離，但事實上它們已被融入許多社區或社會規劃之中。例如，英國在創建國民保健署（National Health Service）的時候採納Ponsioen的主張。他們認為與其將資源用來發展先進的醫療技術，並期待有朝一日用於患者身上，不如讓所有民眾都享有最基本的醫療照護。唯有讓大眾獲得基本醫療保障後，才會同意投注資源去發展其他先進醫療技術。

　　在家庭暴力的處置上則可看到Maslow階層架構的應用。這種服務方案的第一層是提供庇護所，讓婦女遭受家暴時暫居於此，在這第一時間提供她們基本生活所需，包括飲食、居住，有需要的話也為婦女和她們的孩子提供醫療照護。只有這些需求滿足後，工作人員才轉往上一層，即安全需求（雖然庇護所提供了安全的住處，但為保障長期的安全，還需搭配法律服務、隨身手機、緊急聯絡電話和其他資源）。滿足生存與安全需求後，工作人員才轉向更高層次的需求，例如幫助受暴婦女建立歸屬感（庇護所本身可成為一個由許多家庭建構的「社區」，而工作人員可協助促成相互扶持）、建立自尊感受（經由參加支持團體活動），最終則滿足自我實現（自給自足、獨立自主，並掌控自己的生活），例如找到有意義的工作、孩童的托育安排、子女支持、長期住處等。**圖4-1**說明Ponsioen和Maslow界定需求的方式。

　　即使有上述例子說明，需求的概念仍然有些抽象，常常讓它在規劃中難以形成明確的界線。但是，有時需求的認定又過於狹隘，使服務被限制在特定的類型，分析也就沒有意義。此外，雖然方案規劃者與管理者常使用「需求」一詞，卻很少給出操作型的定義。專業人員往往以為社區的

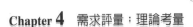

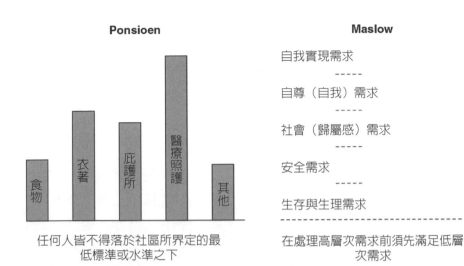

圖4-1　需求的兩種定義

需求不證自明、無須贅述，最後才發現方案並沒有導向真正的需求，設定的服務對象亦不「正確」。接下來我們就要說明為何釐清需求如此重要，並從多方論證以需求為依據的方案規劃不但可行，也是設計與執行成效導向服務方案的必要條件。

需求評量與規劃過程

　　一旦問題被確立和界定後，它們必須轉化為需求（需求最後又會轉化為服務或其他介入措施），這些需求就變成整個規劃過程要處理的關鍵。

　　需求不僅很難界定，就算下了定義也很難測量。美國官方於1974年首度在人群服務領域提出需求的定義。當時聯邦政府創設「社會服務統籌分配款」（social service block grant）制度，整合多項社會服務方案，此即著名的「第二十號條款」（Title XX），或稱「社會安全法案第二十號

條款修正案」（Title XX Amendments to the Social Security Act, Pub. L. No. 93-647）。它要求各州的方案規劃必須納入需求評量，方能得到聯邦政府的經費補助。該法案界定「需求」是「任何可辨識的社會條件，此條件會限制個人或家庭成員發揮最大潛能」。需求常用社會、經濟或健康等術語來表達，且經常採用質性的陳述。「需求評量」則是「以量化方式去彙整計算同一類的個人需求」（見第二十號條款第228.31項）。雖然上述的「官方」定義仍有些抽象、廣泛，但第二十號條款提出需求同時有質性（qualitative）與量化（quantitative）兩個層面，讓服務在思考與實踐上邁進一大步。其中質性陳述須將現狀標示成欲改善的問題，這正是前一章的重點。

對問題進行量化或統計反映出需求的量化層面。規劃工作背後的假定是：我們可以辨識出受問題困擾的人及其共同特性，而且他們的問題也能轉化為可分類與可累計的需求。反過來，一旦算出這些累計數目，就可以再轉化出服務預算與適當的服務輸送架構。這些分類與統計是從事人群服務方案者不可或缺的能力。

目前我們已說明下列幾個重點：

· 問題必須轉化成需求。
· 需求是被社會、政治、經濟環境塑造的規範性概念。
· 各家理論對需求概念各有詮釋。
· Ponsioen將需求界定為「任何人都不應低於的標準」。
· Maslow以階層方式界定需求，只有滿足低層次需求後才會考慮更高層次的需求。
· 需求兼具量化與質性兩個層面。

要瞭解需求須注意幾項關鍵。首先是理解「需求」這個術語指涉的意義，它在規劃中是具有高度複雜性的概念。其次是檢視哪些因素會影響需求。第三項課題涉及需求的分類。第四項課題是確定需求時，資料有多少信度與效度的問題。

 # 影響需求定義之因素

　　本章開頭曾提到需求的認定涉及價值觀與個人偏好，它受目前社會、政治及經濟體制影響。Ponsioen和Maslow的論點都建立在這個基礎上。Ponsioen及Maslow均先接受這種現實前提，才發展出需求滿足的標準或優先順序。這樣的論述背後有幾項重要的基本假定。

　　第一項假定是：需求本身是有彈性和相對的，而非固定和絕對的。如果需求是絕對的，規劃工作會相對單純。一旦我們確立需求並量化了它的程度範圍之後，接著就要建立具體服務計畫來滿足所界定的需求，並尋求足夠資源來實行計畫。然而，現實情況不見得這麼順利。需求評量充其量只是幫助規劃者估計當下的需求有多高，並預測未來方案實施後需求會如何改變。但有效預測的前提是人們的態度、期望、條件及價值觀都沒有發生劇烈變動。當問題受到關注、開始服務之後，常引發人們更高的期待，產生更多要求。就像無家者會與大量空屋並存在社區，在置之不理之前未必會創造住宅需求，只有開始提供便宜住宅並設法協助無家者負擔房租後，我們才知道這類居住需求有多驚人。

　　舉例來說，家庭暴力存在已久，但直到1970年前後才被視為「公共政策議題」。當時包括神職人員與警察在內的各方專業人士都知道有這個問題，但不曉得有多嚴重。用「公共政策議題」（public policy issue）一詞標示議題也就是將社會條件標示為社會問題（參閱第三章），並會試圖提供資源來改善情況。由於當時幾乎沒有相應資源，受暴婦女並未出來求助。結果1971年Erin Pizzey在倫敦成立第一個家庭暴力庇護所後，短時間就有愈來愈多婦女前來求助。幾年後，美國的社會工作人員聽到英國這項措施，於是去拜會Pizzey女士，留下深刻的參訪印象，因此開始在美國複製類似的服務。這些服務實施後，生活在暴力下的婦女便能走出家暴的陰影，被社會看見（Haaken, 2010）。

　　簡言之，擴展服務往往會提高標的人口群的期望。我們現在意識到，很多需要服務的人只有相信真的有辦法獲得幫助時才會求助。因此，規劃者一開始就要認清需求是有彈性的，它會隨時間而變化，這種彈性還延伸到人們對服務的期待，隨著服務增加，期待也會跟著增加。它另外可能產生意想不到的影響。例如若將大部分的社會福利資源分配給機構式的收容服務，而使社區服務的經費減少，原本可在社區照護的精神病患將被迫安置到機構。身心障礙兒童的服務這幾十年也發生類似的狀況，雖然社會也認為應該向這些家庭提供支持性服務，但多數資源已被分配給照顧這些兒童的機構，無意間造成安置機構的兒童人數增加，因為他們的父母未能獲得所需的支持性服務。另一個例子是心理衛生政策的改變。1965年的社區心理衛生法案（Community Mental Health Act）提供經費給各州與地方的社區，讓服務供給從機構轉向社區。等政府不再提供這些經費，心理衛生服務就只能由醫療補助計畫資助，但醫療補助計畫傾向機構安置而非社區照護。

　　目前有幾種社會、政治和經濟因素影響了需求的彈性現象。以下分別討論其中三個因素：生活水準、社會政治環境，以及可獲取的資源與技術。

　　第一個也是最明顯的因素是「生活水準」。過去或許可以接受住家沒有衛浴設備，如今這種住宅已經落於標準之下。住宅本身沒有變，但人們的期待改變了。類似的例子是美國對「貧窮」定義的改變。在1960年代初期，社會安全行政局（Social Security Administration）發展出一系列貧窮概況的描述，根據貧窮家庭的各種處境，劃分出124種貧窮標準（例如依家庭規模的大小而定、依鄉村或都市而定、依年輕或老年人而定），然後依照家庭是否有錢購買生活必需品（也就是Ponsioen所說沒有人不應達到的最低標準，或仍處在Maslow的第一層或第二層需求）來設定貧窮線（poverty line）。由於通貨膨脹，美國過去60年來已多次提高貧窮線。例如1963年都市四口之家的貧窮線是年收入3,100美元，到了1980年代已高於11,000美元；直到2020年，相同情況的家庭要25,000美元以上方能度日。

　　第二項影響需求定義的因素是「社會政治環境」。社會大眾的態度和期待不斷在變。一個世代以前，托育服務的提案會馬上被否決，因為當時社會對母親的期待是留在家中養育子女，等完成這份責任後才能進入就業市場。雖然當時也有母親有必要外出工作，但許多專業人士，包括衛生、教育和福利部兒童局的人員，都認為這對家庭與兒童發展帶來不良影響。到了1970年代，社會觀感已經大幅轉變，到今天幾乎很少人對日間托育還抱持負面態度。事實上，一些研究甚至表明這可能對某些兒童產生積極的影響。隨著社會政治態度的改變，需求的定義也隨之變化。

　　第三項影響需求定義的因素是「可獲取的資源和技術」。如果人們認為現有的資源不足以滿足特定社會需求，可能就不會採取重大行動。例如，心臟移植和人工心臟技術出現之前，人們並不期待延長心臟病患者的壽命。開創新技術會產生新的需求，我們可以在老人服務方案中看到這類影響。從1935年到1960年間，美國對老年族群的主要福利措施只有所得維持方案（income maintenance programs）。理由很簡單，當時人們對於老化過程和老年人口瞭解甚少。社會安全法案（Social Security Act）通過幾年後，國會擴大了服務範圍，將健康照護納入。老年醫療補助計畫（Medical Assistance for the Aged）於1960年生效，承認社會安全所得給付已不足以支付日益攀升的醫療照護成本。然而，聯邦政府在1960年代提供不少經費給社會科學家，包括鑽研新學門（例如老人學）的學者，讓他們研究這個族群。研究結果刺激了支持性方案的發展，用以滿足老年人在社會方面的各項需求，而不只是提供經濟保障。這些服務包括成人日間照護中心、寄養祖父母方案、特殊之就業機會，以及其他滿足老年生理需求的方案（如送餐到府、居家服務、家事服務，以及全面性的保健服務）。我們對老化過程的知識已今非昔比，也擁有改善老年人生活品質的資源與技術。當資源與技術改變，需求的定義也會隨之調整（Moroney & Krysik, 1998）。

　　因此，負責規劃的人群服務工作者要審慎分析需求。正如前文指出，模糊的需求描述會使方案失焦，也無法準確預估結果。我們還要謹

記：價值觀對需求的影響具有彈性，生活水準、社會政治環境以及資源技術的變化都會改變需求。記住這點後，我們現在可以開始探討需求的類別，亦即先前提到的需求「內容」（what）。

 需求的不同觀點

在概念上，需求的測量有四種方向：規範性（normative）、感受性（perceived）、表達性（expressed）與比較性（relative）（Bradshaw, 1972）（如何測量需求是第五章的重點）。這套分類不僅提供各種觀察需求的角度，也可幫助我們更完整地審視需求這個概念。

規範性需求

「規範性」這個詞彙具有標準或常模的意味。需求的概念背後通常存在慣例、權威或一般共識認定的某種標準或「判準」（criterion），並以此衡量現狀或社會條件的數量或性質。在規範性的架構下，方案規劃不必蒐集新的需求資訊，而是依賴現成的資料，例如另一個相似社區的調查報告、專業人士的意見，均可用來研判有需求的服務標的在哪裏。這種做法通常會設定出一個應該達到的服務比率，再跟實際的服務比率進行比較。如果實際比率低於特定標準，則表示需求存在。這些比率諸如社區可能需要的醫院或養護中心床位數量（常以每千人需要幾床表示）、每百位高齡人口需要送餐到府的服務數量、每百位慢性心理疾病患者需要的個案管理者人數。另一個例子是美國兒童福利聯盟（Child Welfare League of America）在兒童福利方案建議的工作人數計算方式：負責需求評量和調查的工作人員，每人的個案量為12件；提供持續性服務的工作人員，每人負責17個案件；提供寄養服務的工作人員，個案量則為每人12至15件。

這種方式的優點是從客觀標準建立標的人口群，限制則是前文提過

的：隨著知識、技術、價值觀的轉變，需求程度可能會隨之改變。

感受性需求

需求也可以根據當事人對自己有何需求的「想法」或「感覺」來界定。雖然當事人對需求的感覺很重要，但它可能不太穩定。人的期望很容易隨情況波動。而且，相對於貧困者，客觀生活水準較高的人可能覺得自己需要更多。規劃者除了要對服務對象的處境具有敏感度，也要能從當事人的背景脈絡解讀他們對需求的感受。

若想讓人們覺得服務輸送系統有回應到他們的期待，潛在服務對象的感受性需求就是相當有用的資訊。然而，我們必須在專家判斷的需求與潛在服務對象感受的需求之間保持平衡。服務對象表達的可能只是問題的症狀而非問題來源，而專家則可根據專業，指出何者為服務對象「真正的」需求。

這裏有個重要議題是如何問出需求程度。無論用調查、公聽會或焦點團體（下一章會更詳細討論這些主題），都得決定用哪一種基本的問法，來詢問服務對象「感受」到什麼需求。一種問法是開放式問題，另一種是請他們從清單中確認需求。前者的優點是更能得到個人真實的想法，而不是強迫他們從清單中選擇；缺點是他們的回答有時可能不符合方案設定的目的。

本章前文提過，「社會服務統籌分配款第二十號條款」要求各州須完成需求評量才能獲得經費補助。因此許多州舉辦社區會議，請參與者說出他們認為社區最需要什麼。有些州採用腦力激盪的方式，不要求他們從一張需求或服務清單做選擇。大多數會議由此得到的回應五花八門，包括增設路燈、紅綠燈，到增加社區巡邏員警、改善交通、增加醫療照護等等。問題是，很多項目不符合第二十號條款的目的：提供社會服務。有鑑於此，各州後來改變做法，請參與者從38項可行的服務清單中挑選他們認為最迫切的需求，範圍包括日間照顧、家事服務，以及兒童和成人的保護

67

服務等。有了這些資料，規劃者能夠總結出該社區的偏好。開放式問題的優點是可得到參與者對於需求的想法，但是對於規劃者來說，問題就在這些資料經常龐雜到無法彙整，或者得到方案目的下無法處理的需求。

　　只用感受性需求進行規劃的主要缺點是：與規範性需求相比，感受性需求沒有唯一標準，每位回答者的標準都不同。此外，經驗也告訴我們，當方案規劃者積極探索服務對象的感受性需求時，可能助長人們的期待，讓他們以為這些需求終將獲得滿足。如果最終無法提供該服務，可能使他們感到挫折，甚至覺得被忽視。

表達性需求

　　需求也可以從尋求服務的人數來估計。經濟學家最喜歡這種方式，因為這裏的關鍵是個人是否有實際動作去「嘗試獲取服務」，而不是由「專家」斷定誰需要服務。其實前後兩種說法都有盲點。一方面，有證據指出，尋求服務的最大障礙是缺乏該服務，而非當事人沒那個需要。另一方面，無論專家怎麼說，就算服務就擺在那，人們可能也不覺得自己需要這項服務而不去用它。

　　方案規劃者在估算實際求助的人數時，會仰賴「服務供需統計」（demand statistics）的數據，顯示這群人有多少比率的人成功匹配服務（需求或要求獲得滿足），又有多少比率匹配失敗（有需求或要求卻未獲得滿足）。這種方法的優勢是只聚焦在人們將感受轉化成實際行動的情況，而未被服務到的要求自然就是規劃改善的重點。它的局限性是缺乏對整體社區需求的關注，尤其如果規劃者以為有需求的人都已找到適當的協助，就會產生問題。在這種情況下，由於需求程度的估計只受尋求服務者影響，並沒有考慮到社區隱藏著其他真正具有需求的人。事實上，一次又一次的社區調查都顯示，所謂的「表達性需求」或服務供需統計資料，只呈現出實際需求的冰山一角。

相對性需求

相對性需求不先認定一個絕對的需求標準，也不預設服務應該做到什麼程度，而是以兩個相似社區或區域的現行服務差距來衡量需求。這種分析當然要考慮兩邊人口組成及問題成因的差異。不像規範性需求有一套判定需求的絕對標準，從相對性需求做方案規劃關心的是比較之下的公平性（equity）：在資源有限的情況下，為了將資源優先提供給「較有需求」的人群或區域，要如何建立分配準則？有時候，即使貧困地區已經取得較多服務資源，但只要證明他們比起富裕地區仍有許多相對未滿足的需求，且還有更高的問題風險，後續仍會將資源優先分配給他們。**表4-1**列出四種需求的比較。

為進一步說明上述四種需求評量，在此舉一案例示範如何將它們應用在社區工作。

應用範例

富蘭克林郡（Franklin County）的社會服務部主任得知，郡內近幾個月的家庭暴力案件有所增加，尤其是虐待配偶的事件。與幾名社區領袖會

表4-1　需求的四種觀點

需求類型	定義	範例
規範性需求	將需求界定為低於某個標準或判準，此標準建立在慣例、權威或一般共識上。	根據政府界定的住宅標準，社區有多少人住在未達標準的住宅。
感受性需求	將需求界定為人們主觀上想到或感受到的需求。	在社區調查自認不健康的人數。
表達性需求	以實際尋求協助之人數來界定需求。	社區中正在等候家庭諮商的人數。
相對性需求	從兩相似社區或區域間現有服務的落差，來衡量需求。	與乙社區相較，甲社區已安置於庇護所的無家者比例。

面後,她成立一個專案小組,去分析現狀並提出積極因應社區「需求」的
方案,同時安排一名部門的專業人員去協助小組。經過初步討論,專案小
組決定用上述的架構來探討需求。

規範性需求

　　專案小組聯繫了全美反家庭暴力聯盟(the National Coalition Against
Domestic Violence)的主任,以及全美心理衛生研究中心(the National
Institute of Mental Health)的人員,結果發現紐澤西州做過一項類似的服
務方案。紐澤西的方案是為受虐婦女建立一套完整的社區服務輸送體系及
其指導原則。專案小組於是聯繫紐澤西人群服務部,請他們提供該方案
的相關資料,結果不到一週就取得計畫副本,名稱是《身體受虐婦女及
其家庭:社區服務之需求》。專案小組在接下來的會議中討論了紐澤西
計畫的分析以及它對富蘭克林郡的意涵。首先,紐澤西州從多項研究結
果估計出每年有約6.1%的夫妻會發生嚴重暴力行為。若將比例套用在富
蘭克林郡,會估計出每年有6,100名婦女遭受丈夫虐待(即十萬對夫妻的
6.1%)。紐澤西報告也從文獻探討問題成因的相關理論、受虐婦女及子
女的相關問題與所需的服務。報告最後列出紐澤西完整服務體系的部件如
下:

・危機介入措施。
・24小時通報熱線。
・24小時危機處理單位。
・緊急庇護所。
・危機諮商。
・緊急狀況下的經濟協助。
・緊急狀況下的交通接送服務。
・緊急狀況下的日間托育。

- 緊急醫療照護。
- 立即性的警力協助。
- 緊急狀況下的法律協助。
- 持續性的服務。
- 諮詢窗口、轉介及倡導。
- 各種自助團體。
- 短期與長期的諮商。
- 過渡性的住所。
- 財務規劃。
- 就業訓練與輔導。
- 醫療服務。
- 長期性的兒童照顧服務。
- 親職教育。
- 兒童服務。
- 教育。
- 一般諮商輔導。
- 休閒活動。
- 方案發展支援。
- 大眾／社區教育。
- 訓練。
- 協調。
- 預防性的服務。
- 學校教育。
- 法條修定。

　　如果專案小組在這裏結束工作，並建議富蘭克林郡近期為每年可能受虐的六千名婦女實施上述服務體系（若實施預防措施，長期下來應該會減少人數），則這樣的需求評量就只有納入規範性需求的方法。

感受性需求

有位專案小組的成員曾經是受虐婦女，目前是富蘭克林郡重要倡議團體的理事長。她提出一些疑問與建議，認為紐澤西方案雖是很好的起點，但若要滿足本地的特殊需求，可能要做點修正。她指出，由於許多受虐婦女會延遲求助，或根本不求助，專案小組應該找到社區發生虐待事件的具體原因，並進一步瞭解妨礙受虐婦女尋求服務的因素是否與文化期待、價值觀、羞恥感、尷尬、無力感、恐懼，甚至是昔日與服務機構接觸的負面經驗有關。這種方法納入了感受性需求，透過訪談受虐婦女，專案小組設計的方案得以整合案主本身對需求的感受。

表達性需求

在接下來的一次會議中，也是專案小組成員之一的富蘭克林心理衛生部主管提出意見，雖然他大致上同意專案小組以紐澤西方案為基礎推估受虐婦女問題的普及性（規範性需求），並向受虐婦女調查需求（感受性需求），但他建議專案小組不要局限於這兩種需求評量方式，也應從當地服務單位蒐集資料。這樣不但能評估目前服務體系可負擔的服務量，也能確定短期和長期任務的優先順序。最後大家同意要求各服務單位提供過去十二個月接受服務之婦女與兒童的數量與特徵，以及等候服務名單中的受虐者人數及其基本資料。後來這些調查顯示，過去一年內總共服務了兩千名婦女（包括她們的子女），具體服務項目（如庇護所、諮商輔導、托兒、就業輔導等）和使用率也都有文件記錄。由此推估約有四千名婦女尚未接受服務，仍處於「需求」狀態。這種方法納入了服務對象實際要求服務的表達性需求。

相對性需求

之後的一次會議中，在小組成員呈現了上述資料蒐集的結果後，另一位成員提出她的擔憂：目前已接受服務或在等待名單上的受虐婦女有94%是白人，但郡內人口有18%是西班牙裔，9%是非裔美國人。而專案小組調查受虐婦女的過程發現有相當多的受訪者來自這兩個少數族裔。基於這點，同時參考其他類似的發現，專案小組建議在西班牙裔及非裔人口較密集的社區中，優先增設兩所中途之家，並安排對弱勢族群婦女具有敏感度的社工，必要時再安排雙語人員。這種方法融入了相對性需求，將資源分配給更有需要的群體。

需求類別與規劃過程

上述案例清楚顯示只用一種方法無法完整衡量需求。由於每種方法都有其限制，只能片面瞭解需求，所以嚴謹的做法應該是同時考慮四個面向。

需求評量在概念上較抽象，且需求不斷在變化，大多數服務機構面對的需求量又超過手頭可用的資源，為何機構和方案規劃者還要把資源精力拿去評量需求？儘管現實如此，我們仍有非做不可的明確理由。

在實務上，管理者必須不斷檢視他們可用的經費與資源，同時設法讓已有的需求資訊發揮最大效用。如果不這樣做，到頭來可能還不曉得社區真正的需求是什麼。需求評量程序能夠為整個管理決策過程持續注入有條理且有用的資訊，它可指出社會服務機構面臨的實際或潛在需求，也有助於檢視長期目標和規劃預算。此外，它還能預知需求未來可能的改變。一旦找到關鍵資料來源，並定好資料蒐集程序，就能夠以低成本且有效率的方式，整合四種需求觀點的資訊。若沒有這些資訊，管理者會發現原本

就稀少的資源，最後只是被拿來應付官僚體制，而不是解決社區真正的問題。

需求分析在質和量的層面上，均源自第三章的問題分析，目的是讓社會服務機構明瞭該做些什麼，以及標的人口群的規模有多大。接著需求就被轉化爲可衡量的目標、資源及方案評估的準則。

在此需先說明一點。本章先前介紹過紐澤西州對家庭暴力的報告，該報告的重大價值是在該領域發展出一套完善服務體系所應包含的項目。我們當時指出，這份清單的依據是各項研究報告的回顧整理。該報告可被視爲「最佳實務」的範例。從1970年代開始，許多組織成立資訊交流中心，提供成功的方案範例。例如聯邦政府於1976年成立的「方案共享」（Project Share）計畫（由衛生與人群服務部規劃與評估助理秘書辦公室執掌業務，目的是提供人群服務最佳實務的範例），以及民間部門諸如Casey家庭計畫（寄養服務）、美國兒童福利聯盟（兒童福利的各項議題），以及Guttmacher機構（青少女懷孕及青少年健康）都有提供方案分享。

一個範例能被納進資訊交流中心的判準之一，是它能透過具體的測量去證明確有成效。在1990年代，這種情況進展成「循證實務」，強調量化研究而不重視質性研究。但如前文所述，我們認爲量化與質性方法都有用途，它們提供了不同問題觀點和介入角度。

即使一個方案被證明是成功的，未必在其他地區也能有相同的結果。例如，曾有一項慢性病患的社區居家照護方案，被衛生與人群服務部門評定爲重要的「最佳範例」，但是它在別的地方卻沒有同樣的成效。後來發現，方案之前這麼成功的主因來自當時的工作人員。他們不僅專業，內心也高度認同機構的目標、願景和理念。早期在發展家暴服務方案時，也發現社工的動機相當關鍵，如果隨著新人加入而草創人員陸續離職，動力會改變，讓成功率跟著降低。所以我們在此特別提醒：如果可以，請先確定方案所依據的理論以及介入方式是否可以轉移，工作人員的無形特質是否在這之中扮演關鍵角色，如果是，這些特質又能否被複製，否則就不

應過度參考「最佳範例」。

 ## 判定誰具有需求

「危機人口群」（at-risk populations）是需求評量的基本概念。它已經是處理貧窮問題的方案內在要素，其他像是無家者、家暴虐童問題、愛滋病患等相關方案也一樣。方案規劃的原則是把資源引入「高風險區域」，也就是具有高風險的家庭及個人集中的地區。因此，需求評量要建立需求的判定標準，並且設計一套方法去估計落於標準之下的社區人數。這些方法會在第五章討論。

在此要強調，指出某一群人較易受到問題的危害，並不代表這群人全都會經歷相同或類似的問題。辨識出一個危機人口群，只能說明這群人的特徵與特定問題之間具有統計上的高度相關。例如當我們發現在某社區中，高齡與貧窮、罹患慢性病、心理疾病、社會疏離等現象之間存在高相關，並不是指社區所有65歲以上的老年人就一定是貧困、生病或有社交功能問題，它只代表老年人比年輕人更容易面臨這些問題。如果我們缺乏這方面的敏感度，可能會落入危險的刻板印象。正如許多人只因剛好住在犯罪率較高的地區，就在申請房貸、汽車保險、銀行信用貸款時遭受歧視，這是因為對某個區域的設想被套用在該地區所有人身上。

 ## 兩個主要問題：資料的可靠性與可獲取性

需求評量會碰到兩個主要問題。第一，現有的方法只能得到大概的估計值，但決策者卻常常期待更精確的數據。規劃者需要讓他們知道這種期待既不必要也不實際，大略的估計值對於確認標的人口群就已經很有價值。例如，方案規劃者在一個州估計出十萬名老年人中的10%（即一萬

人）可能需要家事服務，實際數字可能在九千至一萬一千人之間。若加上其他條件，符合資格者可能減少到七千人。雖然沒辦法在合理的成本下得到明確數字，但這已經建立出一個人群標的，以後可再根據新資訊精確修正。

　　規劃者在需求評量會面臨的第二個問題是資料的可獲取性（availability）。例如，估計需要家政服務的老年人口要靠大量資料，而這些資料經常無法取得。某些資料可能不存在或根本拿不到，又或者它完全不是能用的格式。就算是現成的資料庫，資料也未必符合眼前方案規劃的需要。結果，需求評量就得延後，直到有「更合適」的資料才進行。然而我們可能永遠無法獲得理想的資料，方案規劃者必須接受這樣的現實，轉而發揮創意去運用手邊的資料。即使它不完美，還是能用來推估標的人口。

　　所以，現有資料總比沒資料來得好。方案規劃者經常要運用替代指標來間接測量需求，例如就業婦女家中有六歲以下孩童的比率、單親家庭的比率、低於貧窮線的家庭百分比等，都是常被用來估計日間托育需求的指標。雖然我們可以合理地假定這些變項與日間托育之間有高度關連，但它們畢竟都不是對托育需求的直接測量。因此這背後有兩項須注意的要點：確定出合適的替代指標（理論上的要求），以及提出最佳論證來證明這些替代指標是有效的（政治上的論證）。

　　下一章會提出一些實用的方法，藉以確認需求指標與蒐集資料。本章總結重點如下：

- ・需求有四種不同的評量方向：規範性、感受性、表達性及相對性。
- ・需求評量須同時考量上述四種概念。
- ・在任何需求評量中，確認危機人口群是基本的工作。
- ・在需求評量中，資料的可靠性與可獲取性是重要的考量因素。

 總結摘述

　　當我們去估計受問題影響的人數，以制定策略或方案，然後確定應提供哪些服務時，我們都面臨這樣的現實：這些估算及服務清單就只是估計而已。需求的概念是我們大部分工作的基礎。我們會問這些問題：有多少人需要幫助？他們實際上需要什麼？遺憾的是，我們常以相對簡化的方式處理這些問題，以為產生的數字和列出的服務都是「客觀」反映現實。但是需求評量無法產生這種現實，因為需求的概念是「主觀」的，生成的數字只是隨時會變化的估計值。

　　但是，這並不減損需求評量的重要性與必要性。本章為方案規劃的這個部件提供了理論基礎。我們討論了四種需求評量取向：(1)規範性；(2)感受性；(3)表達性；(4)相對性。每種取向都有其獨特且互補的需求觀點。我們也討論了每種取向的優缺點，並主張規劃者應該盡可能同時考慮多種取向。本章討論的是需求評量的理論基礎，下一章將清楚說明評量需求的具體方法。

 問題與討論

1.在需求評量中，所謂「需求是有彈性的概念」，所指為何？
2.哪些因素會影響確定需求的過程？
3.「規範性需求」與「感受性需求」有何不同？
4.「表達性需求」與「相對性需求」有何不同？
5.需求評量時，使用「危機人口群」的概念會有哪些優點和限制？

參考文獻

Bradshaw, J. (1972). The concept of need. *New Society, 30*, 640–643.

Department of Human Services. (1978). *Physically abused women and their families: The need for community services*, Department of Human Services, Division of Youth and Family Services.

Haaken, J. (2010). *Hard knocks: Domestic violence and the psychology of storytelling.* Routledge.

Maslow, A. (1954). *Motivation and personality.* Harper and Row.

Moroney, R., & Krysik, J. (1998). *Social policy and social work: Critical essays on the welfare state* (2nd ed.). Aldine de Gruyter.

Ponsioen, J. (1962). *Social welfare policy: Contributions to theory.* Mouton.

Project Share. (1976). Journal of Human Services Abstracts, 1976.

SERVICE

RELATIONSHIP

QUALITY

HE

SUPPORT

SOLUTION

ASSISTANCE

GUIDE

Chapter **5**

需求評量：測量方法

本章綱要

本章目的是說明：

- 各種測量需求的方法。
- 在需求評量的過程中，如何運用現有的數據與資訊。
- 如何運用當地機構提供的資料來確定需求。
- 進行第一手調查的優缺點。
- 藉由召開公聽會確定需求的優缺點。
- 確保把服務群體的需求納入評量。

本章涵蓋的主題包括：

- 需求測量的方法學
- 從現有研究資料外推：規範性需求
  現有調查之優勢與限制
- 運用資源盤點：規範性需求
  資源盤點之優勢與限制
- 運用服務統計資料：表達性需求
  服務統計資料之優勢與限制
- 進行社會調查：感受性需求
  社會調查之優勢與限制
- 召開公聽會：感受性需求
  公聽會之優勢與限制
- 運用焦點團體
- 選擇最佳方法
- 鎖定高危機人口群的方法
  議題概論
  須進行空間分析之範例
  空間分析之定義
  因素分析：範例說明
  因素分析在人群服務之應用
- 總結摘述
- 問題與討論

需求測量的方法學

前一章介紹的危機人口群、需求估計以及資料可獲取性等概念，突顯了需求評量並非一套照章處理的技術性步驟。正如第四章提到四種不同卻又相輔相成的需求觀點（規範性、感受性、表達性及相對性），實際測量需求的方法也有各種選擇。然而，每種方法都有優缺點，規劃者在考慮需求評量要投注什麼資源、可花多少時間，以及要多麼精確時，都得意識到這一點。本章會探討六種需求評量的方法，包括：(1)從現有研究資料外推（extrapolating）；(2)運用資源盤點（resource inventories）；(3)運用服務統計資料；(4)進行社會調查；(5)召開公聽會；(6)焦點團體。

從現有研究資料外推：規範性需求

規劃者評量需求時總以為必須有第一手資料（亦即自己蒐集之資料），而忽視二手或次級資料（其他人在其他地區或因其他目的所蒐集之資料）的價值。會忽視次級資料，代表規劃者把資料的特定性與準確性混為一談，以為不在當地進行研究調查就無法準確描述當地狀況。事實上，這些研究不僅有用，在時間資源有限時往往是需求評量最有效率又有效的策略。

除此之外，現有研究資料的數量和主題幾乎可涵蓋社區關切的所有議題。例如，美國國家衛生統計中心（National Center of Health Statistics; www.cdc.gov/nchs）是聯邦政府四大統計機構之一，負責蒐集、累計、分析和發布常用的衛生統計資料。另外三大統計機構是勞工統計局（Bureau of Labor Statistics; www.bls.gov）、人口普查局（Bureau of the Census; www.census.gov），以及農業部的統計服務（Department of Agriculture's

Reporting Service; www.nass.usda.gov）。國家衛生統計中心的常態性調查主要包括健康狀況訪問調查（Health Interview Survey, HIS）、健康檢查調查（Health Examination Survey, HES），以及健康紀錄調查（Health Records Survey, HRS）三項。這些調查提供了美國特定疾病的盛行（prevalence）程度。舉例來說，美國曾進行過一項全國性的調查，發現患有嚴重心智障礙的盛行率約為3‰，若進一步將年齡因素納入考量，可發現未滿十五歲族群的盛行率為3.6‰，十五歲以上族群則為2.2‰。此類數據的應用相當簡單，在此藉由富蘭克林郡人口分布的一套假設性資料（**表5-1**）來說明。

表5-1　富蘭克林郡人口年齡分布

年齡	男性	女性	總計
0-4	17,896	17,072	34,968
5-9	18,891	18,025	36,916
10-14	20,273	19,364	39,637
15-19	20,103	19,338	39,441
20-24	17,411	17,124	34,535
25-29	15,641	15,811	31,452
30-34	16,951	17,304	34,255
35-39	19,061	19,835	38,896
40-44	19,448	20,343	39,791
45-49	17,630	18,463	36,093
50-54	15,544	16,429	31,973
55-59	11,834	12,824	24,658
60-64	8,876	10,120	18,996
65-69	7,639	9,553	17,192
70-74	6,402	8,935	15,337
74歲以上	8,851	16,918	25,769
總計	242,451	257,458	499,909

該郡未滿十五歲的人口共111,251人，若套用3.6‰的盛行率，可推估富蘭克林郡約有400位（111,521×0.0036）患有重度心智障礙的孩童；該郡十五歲以上的人口共388,388人，若以2.2‰的盛行率可推估該郡十五歲

以上的人口中約有855人（388,388×0.0022）爲重度心智障礙者；也就是所有年齡層加起來，該郡重度心智障礙者的總數約爲1,255人。

美國還有許多針對其他主題或族群的調查資料，包括受虐兒童（例如美國國家兒童受虐及疏忽防治中心，National Center for Child Abuse and Neglect, www.childwelfare.gov）、兒童（例如Hobbs, 1975）、老年人（例如www.aoa.gov/statistics），以及精神疾病（例如www.nimh.nih.gov/topics/statistics.shtml）等。這些調查資料中的盛行率數據都可用於推估需求，或用來設定服務衡量指標的基準。

現有調查之優勢與限制

在此須說明使用現有資料的兩大限制。第一，現有調查並非針對我們關心的特定區域，因此在使用這些數據前，必須根據人口組成差異進行加權處理。例如，大多數盛行率都會將年齡和性別分開計算，亦即不同族群分別有不同的盛行率。由於年齡與身體機能狀況或生活能力有高度關連，老年人確實較可能有身體上的障礙。因此，若將全體人口的盛行率套用在65歲以上的族群，會導致估計錯誤。方案規劃者須套用不同年齡層的數據，例如對「體弱老人」（年齡75歲以上）及「年輕老人」（65至75歲之間）兩個次族群分別用各自的盛行率去估計（參見**表5-2**）。這樣細分可讓估計更爲精確。

表5-2　身心障礙與年齡之交叉分布（單位：千分比）

年齡	極重度障礙	重度障礙	中度障礙	總計
16-29	0.46	0.41	1.02	1.89
30-49	0.86	2.28	4.18	7.32
50-64	2.65	9.59	16.47	28.71
65-74	8.28	23.99	50.67	82.94
>74	33.91	52.95	74.90	161.76
總計	3.47	7.68	13.37	24.52

資料來源：摘自Harris（1971）；關於方法及名詞定義的討論請參見Moroney（1986）。

後續工作即是將這些比率套用在我們自己的數據（**表5-1**）。**表5-3**示範如何將這些比率套用在富蘭克林郡，來估計該郡身心障礙者的總人數。

表5-3　富蘭克林郡身心障礙者人數之估計

年齡	人數	千分比	身心障礙者人數
16-29	105,428	1.89	190
30-49	149,043	7.32	1,088
50-64	75,627	28.71	2,170
65-74	32,529	82.94	2,167
>74	25,769	161.73	4,167
總計			9,782

第二項限制牽涉比率估計背後的定義。不同研究者對同一項社會條件的操作型定義可能不同，導致估計結果產生很大的落差。例如，多年來各項的流行病學調查所估計的心理病患人數就有很大的差異。

- 1930年代，美國公共衛生服務部的調查推估全國約有3.5%的人口罹患心理疾病（National Resources Committee, 1938）。
- 1960年，Leo Srole（1962）估計有40%的紐約市民有心理健康問題。
- 1978年，隸屬於總統辦公室的心理健康委員會估計全國約有10%人口有心理健康問題。
- 1998年，若根據《精神疾病診斷統計手冊》（*Diagnostic and Statistical Manual of Mental Disorders*）的定義，美國有18.5%的人具有心理健康問題（Tonja et al., 2001）。
- 1999年，美國公共衛生署總署長在報告中指出心理疾病的盛行率為20%（U.S. Department of Health and Human Services, 1999）。
- 2022年，美國國家心理衛生機構估計有20%的美國成年人患有心理疾病（National Institute of Mental Health, 2022）。

雖然這六項研究都使用了「心理疾病」或「心理健康問題」的術語，卻各自有不同的定義。最早的研究（1930年代）所使用的評量工具較為原始，只有嚴重和症狀明顯的人才被計算在內；Srole是社會學家，其評量主要是依據Durkheim對所謂反常狀態（anomie）的描述，並把它跟憂鬱徵狀連結起來；總統辦公室心理健康委員從現有研究資料的分析來估計比率，判定標準比早期更嚴謹；最後兩項研究的估計值則比較接近。

理論上，這些研究沒有誰最為「正確」。方案規劃者必須瞭解誰使用的定義最貼近自己的方案，再抉擇該參考哪一項資料。只看盛行率數字而不管定義是否適切是相當危險的做法。採用的定義必須符合具體介入措施的細節。

同樣是從規範性需求的角度衡量需求，還有一種與上述方式相輔相成的做法，就是參考專業人員或專家的判斷。例如前一章介紹過的紐澤西計畫《身體受虐婦女及其家庭》（Department of Human Services, 1978），與其只看發表過的書面文件，我們不如邀請紐澤西計畫的相關人員擔任顧問，協助將原始方案轉化成當地方案。顧問未必擅長方案規劃或管理，但他們可能精通某個實質領域，例如家暴問題。這類專家最熟悉該專業領域的調查與研究，常能提出具體服務策略並建議我們合理的服務該做到什麼程度。借助專家判斷的優點很多，其成本可能較低（顧問費用約每日八百至一千美元），也不用花很多時間。專家所認定的需求範疇可對規劃工作產生許多好處，後續提案申請預算時也有相對較高的可信度。

然而靠專家做需求評量存在不易察覺的隱憂。專業人士，即便是專家，常常帶有偏見。他們看待問題的方式有時很狹隘。事實上，專家常常先入為主，特別容易被過去成功經驗綁住，以為問題只有一種解決方式，因此很難看見新的可能性。

例如，在富蘭克林郡75歲以上的25,769名老年人口中，估計有13,710人有功能障礙的問題。專家A可能主張推出居家照護服務，並安排公共衛生護士；專家B可能會主張規劃新方案，把重點放在個案管理；專家C可能主張結合社區的長青活動中心，提供餐飲和社交服務。每位專家有各自

的建議，這是可以預料的。

　　為了避免上述眾說紛紜的狀況，規劃人員最好先設定基本的方案策略和藍圖，再去諮詢專家。例如先把方案大致框限在社區支持性服務、機構安養服務、照顧者之喘息服務（respite care）、餐飲服務等，再讓專家顧問依據其專業知識提供建議，例如估計危機人口數量、建立適當的標的人口群，以及設計相關方案或介入方法。

 ## 運用資源盤點：規範性需求

　　資源盤點基本上是一種拼圖[1]（mapping）策略，試圖匯集大量資訊，從中確認整個服務體系的現況與範圍。盤點通常從一群可辨識的高危機人口群開始，如老年人、單親家庭、心智障礙者、藥物濫用者等。方案規劃者要找出服務這些次族群的所有公私立機構。資源盤點用在方案規劃時不會只有列冊，在理想狀況下會進一步發展一套明確的分類方式，以便將服務分門別類，包括依照不同功能及目的、依照資格認定條件（以制式的申請表格判定）、依照各機構自認的服務容量來區分。

　　表5-4示範了資源盤點第一步所使用的表格，藉以評估社區服務體系向受虐婦女提供服務的情況。在這項範例中，規劃者聯繫富蘭克林郡所有可能向這些婦女提供服務的機構（通常不會只用電話聯繫），並詢問他們是否有提供表格上列出的服務。訪問者須(1)核對機構提供的服務，並(2)詢問該機構能否滿足所有要求服務者的需求，又是否有等候名單或轉介案主到他處。表5-4顯示「富蘭克林社區行動機構」共提供其中六項服務，並指出這所機構有足夠資源為所有的申請者提供職業介紹、家事協助、洽詢／轉介等三項服務；另外，雖然機構也有個案管理、個別諮商、法律服務，但沒辦法為所有申請者提供這些服務。

---

[1] 譯註：可參考第二章提過的「資產拼圖」（asset mapping）規劃取向。

表5-4　富蘭克林郡受虐婦女的服務資源盤點（富蘭克林社區行動機構）

服務項目	服務項目存在且資源充足	服務項目存在但資源不充足	服務項目不存在
交通服務			×
個案管理		×	
個別諮商		×	
法律服務		×	
團體諮商			×
職業介紹	×		
家事協助	×		
職業訓練			×
洽詢／轉介	×		
急難經濟補助			×
自助團體			×
親職教育			×
危機諮商			×
社交活動／休閒活動			×

　　經過這項分析，不同服務項目的資訊被一張張彙整起來，讓方案規劃者得以書面記錄富蘭克林郡有多少機構提供交通服務、諮商輔導服務、洽詢／轉介……等服務。這種做法猶如地質學家的地表調查。完成這個階段後，規劃者就可以向每所機構蒐集更詳細的服務資訊。

資源盤點之優勢與限制

　　資源盤點最關鍵的問題是標準化，以及如何降低定義不一致的影響。何謂「個案管理」？何謂「諮商輔導」？所有的機構對服務項目都採取相同的定義嗎？我們常發現，即使是代表同一服務項目的專有名詞，各機構所執行的活動還是有差異。許多社區為了解決這種紛雜的狀況，於是設計了一套涵蓋問題、需求與服務的分類系統。部分理由是為了因應「購買服務契約」（purchase-of-service contract）的要求，另外也是體認到若缺乏統一的名詞定義，幾乎不可能在社區進行成效導向的方案規劃。

藉由資源盤點，方案規劃者可以評估現有服務體系是否已經達到服務總量的上限，瞭解某些機構是否還能服務更多人，以及是否有服務重疊的現象。這種評量有助於瞭解有沒有需要擴增現行服務，或者透過更好的協調來滿足日益增長的需求。例如，與其每所機構都提供個案管理、洽詢與轉介服務，不如在機構間建立共用這類服務的協議，這樣就沒必要一味擴大這些服務。另外，資源盤點調查的對象是服務提供者，這是很有用的方法。由服務機構指出危機人口群的問題或需求，這類資訊的性質截然不同於其他來源，包括直接詢問有需求的人群，或是分析服務使用狀況的紀錄。向服務提供者實施調查所得到的資訊可形成規範性需求，它是受訪者基於每天真實的實務經驗，而對問題提出的專業認定。

由於新措施多半建立在現有服務體系之上（可能透過修正或擴充），方案規劃者要做的不僅止於聽取人群服務領導者的意見，也應經常邀請他們參與規劃團隊，這不但可形成潛在的合作感受，同時也可減少執行階段各據山頭的現象。資源盤點提供的可能是現有服務體系的正式資訊，但是對服務工作者的調查則能讓規劃者洞察到體系改革的潛能。

最後，我們必須清楚知道，服務提供者的意見來自他們對服務對象的認識，但他們未必瞭解沒去使用服務的人。這裏反映的是服務要求（demand），卻不全然反映到需求（need）。儘管有這項限制，只要分析人員瞭解資料蒐集的背景，得到的資訊仍對需求評量十分有用。

運用服務統計資料：表達性需求

運用服務統計資料會分析到服務使用狀況的數據，它建立在上述資源盤點的基礎之上。前一節資源盤點的任務是確認機構的服務項目，以及這些項目的服務量是否足夠（機構在**表5-4**中要回答「是」或「否」）。方案規劃者現在則是以這些資訊為基礎，進一步蒐集直接服務機構的服務狀況報告。這些報告可大致衡量出機構過去付出多少努力，有助於維繫方

案所需的支持活動以及建立一套服務監測程序。這些資料通常稱為「服務使用資料」（utilization data），反映資源盤點中每一服務項目或類別下的詳細狀況。以**表5-5**包括的交通服務、諮商輔導、法律服務等項目為例，每項服務之下都可進一步說明：(1)誰接受服務？(2)服務內容為何？(3)從何處取得服務？(4)服務成本為何？

表5-5　服務使用調查（富蘭克林社區行動機構）

服務項目	每月服務的個案數	每月提供的服務單位	單位成本
交通服務			
團體諮商			
職業訓練			
法律服務	25	25	$37.50
急難經濟補助			
自助團體			
親職教育			
危機諮商			
洽詢／轉介	75	100	$18.75
個案管理	50	225	$18.75
個別諮商	20	30	$40.00
職業介紹	5	5	$25.00
家事協助	15	15	$20.00
社交活動／休閒活動			

註：一單位的定義：法律服務＝30分鐘、洽詢／轉介＝15分鐘、個案管理＝15分鐘、諮商＝1小時、職業介紹＝30分鐘、家事協助＝30分鐘。

　　在初步的資源盤點後，富蘭克林社區行動機構被要求提供其六大受虐婦女服務項目的更詳細資訊。這些資料記錄了每月接受服務的平均個案量、各項服務的提供次數，以及各項服務的單位成本。與**表5-4**的初步資料一樣，各機構的這些記錄可以彙整起來，為方案規劃者勾勒出當地目前「人群服務體系」的全貌。

　　「誰接受服務」的資料描述了服務使用者的特徵。雖然機構理論上會服務所有標的人口群，但實際上服務可能只限於受暴婦女的一小部分，

限制的條件可能是年齡、家中是否有青少年、家庭地位或收入等等。有些機構也可能把不同服務分別實施在各種的次族群身上，例如向毫無工作經驗的受暴婦女提供基本職業訓練、對有工作經驗的婦女提供進階職業訓練，然後對兩族群同時提供支持團體的服務。

「服務內容」的資料不只敘明提供了什麼服務，也包括這些服務的數量。它說明在某個特定時段（如每月、每季、每半年、每年），針對各種類型的服務對象、各種類型的問題，分別提供了多少個單位的服務。比方說，我們可能發現某機構在15週內，向30戶家庭提供了45小時的親職教育訓練；而另一個機構在同一時間內提供了30小時的訓練。「從何處取得服務」的資料則記錄員工配比或個案負荷量。例如提供諮商輔導的個案工作者其平均個案量可能約為15，個案管理者的平均個案量則約為25。

「服務成本」的資料能顯示各機構在特定服務中投入多少資源，也可從中推斷若要擴大服務需要多少資源。例如，我們發現某機構平均每月向20名受虐婦女提供30次諮商輔導，每年為此耗資27,000美元（包括直接與間接成本），或每月耗費2,250美元。我們可以從這裏算出每個諮商時段的單位成本為75美元（$2,250÷30）。第十二章與第十三章會更詳細討論這些概念。

透過這種方法再利用資源盤點的資料，方案規劃者現在能夠彙整各機構更細部的資料，獲得整個社區現行服務體系的全貌。

服務統計資料之優勢與限制

只要能事先處理好保密性的議題，此方法最明顯的優點在於資料取得較為容易。不管是在資源或時間的耗費上，運用現有資料都比自己重新調查更為經濟。運用現成資料進行需求評量是一種比較「低調」的做法，可減少前文討論過的潛在問題，也就是比較不會因此提高服務對象或潛在服務對象的期待。此外，受訪機構可提供較長期的資料，讓方案規劃者藉此分析服務提供與服務要求的趨勢。運用服務統計資料的最大限制則是無

法提供問題的盛行率以及「檯面下需求」[2]（unmet need）的適切訊息，而這些卻是成效導向方案規劃的必要資訊。若光靠服務使用者或等候服務名單的資料，就規劃出全部人口群的服務，將伴隨某個程度的風險。事實上，服務使用者與檯面下的需求者是差異極大的兩個群體，而且這項差異常常也是決定了他們是否去接觸服務的關鍵。

等候名單會受到服務實際提供狀況的影響。例如在某社區中，過去十年等候進入安養機構的人數可能相當穩定，即使這段期間資源不斷增加，這些機構卻永遠處於飽和狀態。只要有空位，馬上就有等候者遞補進去，而等候名單上的空缺又被其他人遞補。雖說這當中牽連的因素十分複雜，但原因之一即是增加服務供給量會提高期待，進而轉變成要求。若大家都知道資源有限，且等候名單又長，人們會認為不值得去申請協助；反之，若人們發現還有多餘的資源，就比較可能去申請。英國在1970年代初期就有過這樣的例子，原本只有少數受暴婦女向地方當局提出要求，協助她們離開受虐環境，而當局在不清楚問題嚴重程度的情況下，就同意設置一所小型庇護中心暫時安置這些婦女。庇護所開始運作後，就湧現更多婦女前來求助。

服務統計當然也有其價值。服務使用資料可確認接觸人群服務機構的次族群特徵，知道他們是誰、他們住在哪裏、他們接受的服務類型、他們得到協助的程度等。這些資料可用以評量機構目前提供服務的能力，也可評估在服務要求即將升溫時，機構擴增服務的能力又如何。

此類資訊也可形成普查名冊、核可與結案統計資料，以及其他有利於規劃與政策制定的人群統計資料。從這些資料可能進一步歸納出個案負荷量的消長趨勢、案主特徵、方案需要做哪些預測與研究等。這類資訊也能成為檢視服務處遇過程的基礎。隨著逐步累積個人與家庭的各種資訊，就可能確認出總人口群的服務需求與潛在的個案負荷量，還可能確定一般

---

[2] 譯註：意指有需求卻因各種理由沒去尋求服務的需求者，服務機構一般沒有這些人的記錄。

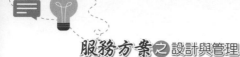

服務所需的成本，為調整優先順序和方案規劃建立理性分析的基礎。

進行社會調查：感受性需求

　　在所有的方法中，社會調查或社區調查在許多方面都是最強而有力的需求評量方法。藉由直接向社區居民蒐集資料，可獲得貼近當地需求的原始資料。此外，若想瞭解服務對象或潛在服務對象的心態，正是要靠這種方法。

　　社會調查通常有兩個焦點：(1)確認受訪者對需求的感受，以及(2)確認現行服務的相關運作狀況。兩者對規劃工作都很重要。第一類資訊可用來詳細描繪標的人口群；第二類資訊可能辨識出阻擋人們去使用服務的因素，無論是財力、身體健康或心態。障礙因素的資訊不僅能指出人們需要何種特定服務，它還可能讓調查者另外發現支持性服務的需求（例如外展服務、交通接送、倡議、教育等），加上這些配套措施或許就能讓方案成功。

　　調查的目的是以實據描述現狀。它從問題的概念性與操作性定義開始，接著建構出適當的資料蒐集工具、選取樣本、進行訪談、分析資料，最後對規劃提出各項建議（調查研究的技術細節超出本書範圍，有興趣的讀者可參考相關教科書，如Babbie, 2021）。

　　調查方法還有其他好處。若調查指出有服務短缺現象，或有阻礙人們使用服務的因素存在，則可合情合理地修正方案。從這方面來看，調查變成一種促進行動與集結支持力量的工具，它能提升社區居民對問題的覺察和瞭解，發揮教育功能。為了實現這一點，規劃與實施社區調查時就須納入各機構代表、社區領袖，以及實際或潛在的服務對象。這些共同參與讓社區最後更能支持由調查結果歸納出的建議。最後，雖然大多數的調查只在單一時間點對社區做靜態描述，仍可用來建立日後評估所需的基準線（baseline）和參照點。

社會調查之優勢與限制

時間與金錢成本是社會調查的主要考量，但人們一開始常會低估需耗費的時間與精力。對許多人來說，調查等同到現場做實地訪談，因此方案規劃者可能沒花多少時間思考調查本身的設計，幾乎不會先想到提問方式與蒐集到的資料對規劃有什麼用。

資料分析策略也不是等完成資料蒐集後才設定，而是在調查的設計階段就要想清楚。在納入任何資料項目前，方案規劃者應該要知道為什麼要探索這些資訊（理論上的理由），以及如何把它們納入分析之中。這需要有細心籌備的調查設計與充分討論的過程，否則資料分析很可能變成盲目摸索，分析者可能就此迷失在海量的資訊之中。設計調查工具時就要處理好一些技術性問題，在正式調查前須實施前測以確認提問是否合適，包括它們能否被受訪者瞭解、是否變成誘導性的提問，以及能否提高受訪動機等，這些是涉及資料效度與信度的議題。另一項技術性問題是抽樣程序。過去有太多調查的樣本都不恰當，可能是抽樣方法不對，也可能是抽樣人數有問題。統計抽樣技術相當複雜，與其在這裏深究，我們提出的是更簡單的建議：延攬抽樣專家協助發展一套適切的抽樣策略。如果對調查樣本缺乏足夠的信心，就無法將結果推論到整個標的人口群，而這卻是社會服務規劃必不可少的要求。

社會調查可能是確定社區需求最有力的方法之一，但它確實存在一些嚴重的限制，需要小心權衡。當你想獲取更多資訊（變項）時，受訪者的數量要求也越多。由於樣本大小受分析要用的變項數量所影響，社會服務需求的調查所需的樣本數通常也就很龐大，且樣本數會直接影響調查成本。另一項限制是設計與實施調查耗費的時間。從設計到分析，保守估計就要六到九個月。因為有這些限制，規劃者應該先充分利用可取得的現成資料，再決定是否有必要自己進行調查。規劃者應該衡量調查的時間與金錢成本，以及激起受訪者期望卻無法滿足他們期待的風險。如果造成的問

題比好處多，就不該進行蒐集原始資料的調查。

 ## 召開公聽會：感受性需求

　　用公聽會評量需求通常會召開開放形式的會議，邀請一般大眾與會提供證言。除了政治或社區關係方面的理由外，這類會議也可能應法律要求而辦。美國自從1960年代由經濟機會局（Office of Economic Opportunity, OEO）轄下的各個社區行動機構推動公聽會以後，這類會議多半以社區居民大會的形式進行。後來公聽會還受模範城市規劃（Model City）、收益分成（revenue sharing，特別是社區發展方案）等潮流的影響。1970年代中期，社會安全法案第二十號條款修正案（Title XX）開始要求某些特定的規劃必須納入公聽會的程序。

　　理想上，出席公聽會的人應能清楚表達自身的需求，或代表鄰居說明其關切點，甚至代表一群特定選民發聲。會後將從會議共識確定社區需求及其優先順序，或將不同意見彙整後交付表決以認定緩急輕重。

公聽會之優勢與限制

　　公開會議最大的優點在於它符合民主決策的過程。它比調查法花費的金錢和時間更少，並經由開放討論鼓勵澄清問題與交流思想。這種方法的主要爭議是代表性可能不足。例如某位長者在會議上說的到底是他自己的需求還是多數老年人的需求？相關的利益團體（或可能受影響之群體）都參加會議了嗎？是否有人（如無家者或福利救助者）因為他們的需求伴隨著社會污名而放棄參與？最需要協助的人，會不會在高學歷專業人士面前發言時感到不自在或困窘？迄今的經驗表明，與會者通常不具足夠的代表性，某些團體總是更積極主動，也更熟悉怎麼遊說。不同族群習慣的溝通方式有所差異，也會形成公聽會的障礙。

　　方案規劃者在決定召開公聽會前，需要先設想可能遭遇到上述問題。首先，規劃者必須體認，透過平面媒體、電臺或電視宣布公聽會，效果未必能遍布整個社區。以傳統方式運用媒體，通常無法觸及實際或潛在的服務使用者。因此必須投入額外的資源，使公聽會訊息能傳達給重要的標的人口群，例如在購物中心、教會、社會服務機構、學校等地進行外展和社區組織活動，這是其中幾種可行的做法。其次，規劃者必須瞭解，出席本身不代表平等和有效的參與，尤其是與會者同時有專業人士和服務使用者時。專業人士和服務使用者的語言習慣可能不同，前者喜歡講專業術語而顯現專家姿態，會讓其他人望而生畏。社區會議的目的並非取得一份僅限於少數人的需求列表，而是要獲取一份完整的清單，之後可以經由對話討論予以刪減調整。因此，這裏應引進一些程序技術，讓會議有更完整的參與及意見表達。Delbecq等人（1975）曾針對需求評量與問題分析，詳細地描述幾種有用的團體技術，其中兩種是名義團體技術（nominal group technique，簡稱NGT），以及德爾菲法（Delphi technique）。這些技術能在分析階段初期吸引各類的參與者，協助他們確定問題、釐清議題，並表達其價值觀與偏好。

運用焦點團體

　　焦點團體在社會科學和產品行銷領域已行之有年，它是一種質性研究方法，參與者在其中被問及對產品或服務的意見、信念和態度。相較於社區會議或公聽會先撒下一張大網，最後再縮減到幾個優先事項，焦點團體一開始就聚焦在明確的產品或服務，並透過討論找出完善產品或服務的方式。正因兩者目的截然不同，前者試圖吸引多樣化的參與者，後者的參與者同質性較高，具備相似人口統計特徵、信念或態度等。

　　舉例來說，我們上一章曾談到召開社區會議以便得到一份可由社會服務統籌分配款經費（第二十號條款）處理的需求清單。最後的清單可能

包括兒童托育、喘息照護、職業訓練、預防兒童受虐服務、交通服務等，並使用像名義團體技術（Delbecq et al., 1975）的方法，第二階段則將清單中的服務排出優先順位。然後可再運用焦點團體討論最高順位的服務（例如職業訓練），請參與者對該項服務提出各種意見，包括服務該有的樣貌、如何執行或管理服務等。

選擇最佳方法

前面眾多方法中，並沒有某種方法優於其他方法。這些方法也非互斥，選擇其一不代表完全不用其他方法。它們各自能提供獨特的資訊。重要的是，每次規劃時，規劃者必須考量可利用的資源與方法上的限制，以確定何種需求評量方法較可行。

鎖定高危機人口群的方法

前面幾節涉及推估高危機人口群需求的方法，焦點是確定特定群體的特徵與數量，如高齡人口、身心障礙者或家暴受害者。人群服務規劃的重點是彙集具有類似需求的人群，所以規劃者有另一項工作是透過地理或空間分析（spatial analysis），鎖定高危機人口群集中居住的區域。

議題概論

方案規劃者的任務是制訂計畫、發展執行計畫的方針、設定優先順序與資源配置的準則，以及建立監測系統。雖然需求評量與這些都有關，但它主要的影響是在設定優先順序與資源配置。一般而言，這意味著在資源有限時，決策者希望找出有需求的人群聚集處；此外，它還要將資源引

導到需求更大的區域，而這正是前述相對性需求的概念。

須進行空間分析之範例

美國以郡[3]為單位所得到的社會指標數據，對整州的規劃非常有用，但不適用於地方性的規劃。某個郡的危機人口數量或許比其他郡還少，但郡內某些特定區域可能有極大的需求。郡層級的數據通常由平均值組成，但統計上的平均值會掩蓋郡內的差異。例如，某州南部五個郡的衛生與社會指標顯示，該五個郡的狀況相當接近整個州的平均狀況（Moroney, 1973）。但進一步檢視較小的區域時，則發現某些小區域的死亡率是其他地區的兩倍、粗死亡率為三倍、未婚懷孕比率為十倍、住宅區火災發生率高達三倍、罪犯逮捕率則高達六倍。由此可知，社會問題與社會需求並非平均分布在各個地理區域，而規劃的任務之一即在找出這些差異。

空間分析之定義

空間分析是運用社會指標將地理區域分成幾種不同的類型。若要建構這些需求的社會指標，需要組合多個變項。整個程序可視為一種協助規劃者評量社區狀態、建立優先順序、測量方案影響力、記錄長時間變化等的工具配備。

指標建構的基本假定是：沒有任何單一變項能夠完整描述複雜的社會現象。這裏就需要建立一個被當成指標的「構念」（construct），以概括複雜現象背後的大量資訊。從這套邏輯出發，「健康狀態指標」可能是下列變項的組合，包括死亡率、罹病率，以及醫療服務之可及性等；而「社會平等指標」則綜合了教育資源、就業狀況、可購置之住宅、社區決策參與等變項。

---

[3] 譯註：相當於臺灣的縣。

方案規劃者會面對眾多資料庫及上百個變項，但確定社區需求與制定相應方案時，這些變項資料並非全都重要。如果規劃者想一一處理這些變項及其組合，來對某一地區獲得有條理且易懂的特徵圖像，就算真做得到也很沒效率。除了效率之外，資訊的清晰與完整性也是另一大問題。未涉入規劃過程的決策者，在面對龐大資訊之際，會很難釐清何者有關何者無關。期待規劃者逐一檢視所有變項，再從中提出規劃可用之資訊，可能是過於天真的想法。謹慎選擇資訊並簡潔地呈現更可能對決策產生有力的影響。

　　因素分析（factor analysis）是一種統計技術，可將龐雜的變項轉化為精簡的構念或指標。因素分析的基本概念是：如果許多變項之間彼此相關，背後應該存在一個或多個潛在因素，導致變項間產生關連。同時與某個因素有高相關的各個變項，彼此間就應該有高度關連。但在此必須強調，如果無法賦予這些潛在因素適當的意義，那麼因素分析對方案規劃就難以展現價值。

因素分析：範例說明

　　表5-6之資料取自Bell（1955）對舊金山人口普查區域的經典研究。Bell選擇了七個變項作為描繪都市特徵的重要數值。相關分析顯示，七個變項之間均有相關，而部分變項間的相關性更強。

　　為確定這七個變項能否簡化為更少的因素，Bell對這些變項數據進行因素分析，結果發現三個明確的群組（參見**表5-7**）。Bell進一步主張變項(1)至(3)屬於「社經地位」，變項(4)至(6)屬於「家庭狀態」，而變項(7)則單獨屬於「種族狀態」。

表5-6 相關係數矩陣[4]

	(1)	(2)	(3)	(4)	(5)	(6)	(7)
(1)	1.0	.780	.775	.678	.482	.190	.135
(2)		1.0	.796	.490	.126	-.255	.488
(3)			1.0	.555	.260	-.051	.360
(4)				1.0	.759	.476	.205
(5)					1.0	.753	-.066
(6)						1.0	-.248
(7)							1.0

註：變項名稱：(1)職業；(2)教育程度；(3)收入；(4)生育率；(5)女性非就業人數；(6)獨立住宅家戶數；(7)少數族群之百分比。

資料來源：摘自Bell, W. (1955). Economic, family and ethnic status: An empirical test. *American Sociological Review, 20*, 45-52.

表5-7 因素分析[5]

變項		因素		
		I	II [6]	III
(1)	職業	.635	.070	-.178
(2)	教育程度	.467	-.105	.209
(3)	收入	.602	-.071	-.028
(4)	生育率	.097	.630	.215
(5)	女性非就業人數	.031	.711	-.029
(6)	獨立住宅家戶數	-.031	.573	-.183
(7)	少數族群之百分比	-.098	.106	.496

註：因素I：社經地位；II：家庭狀態；III：種族狀態。

資料來源：摘自Bell, W. (1955). Economic, family and ethnic status: An empirical test. *American Sociological Review, 20*, 45-52.

---

[4] 譯註：原著數據引用有誤，譯作已更正。另外Bell（1955）的變項3原爲「人均平均租金負擔」再經反向計分的分數，在此保留原著將此變項改稱爲「收入」的做法，較爲清楚易懂。

[5] 譯註：原著數據引用有誤，譯作已更正。表格內數字可解讀爲某變項與因素之間之相關程度。

[6] 譯註：此數據呈現在Bell（1955）當時的研究背景下，美國「家庭狀態」得分較高（亦即有更多完整家庭）的都市特徵爲：家中有很多孩子（變項4）、較多婦女留在家中把持家務（變項5），以及典型居住方式是獨立的單戶住宅（變項6）。

自此之後，以Bell研究為基礎的大量文獻相繼出爐。早期的研究應用於城市分類，以瞭解城市的政治行為模式（Berry, 1972），後來就成為輔助人群服務規劃的方法（Moroney, 1976; Redich & Goldsmith, 1971; U.S. Bureau of Census, 1971; Wallace, Gold, & Dooley, 1967）。這些研究的分析單位多為人口普查區域，算是相對較小的地理區域（平均人口4,000到5,000人），從過去到現在的普查幾無變遷。在某些情況下，分析工作還會檢視更小的空間單位，例如街區（block）或街區組合。

因素分析在人群服務之應用

直到1960年代，人群服務規劃領域才開始使用因素分析。Wallace等人（1967）在舊金山進行了一項研究，結合人口普查資料的因素分析、專家判斷以及現有的衛生與社會資料，以確認舊金山市「高危機人口群」的密集區域。五位人類服務專家先獨立檢視原始資料涵蓋的指標以形成「共識指標」，接著進行因素分析。結果發現，其中一個因素（總體社經地位分數）可解釋總變異量的43%，並與29個衛生與社會指標高度相關。

在1967年，康乃狄克州New Haven市為1970年的人口普查進行了一項「演練調查」（U.S. Bureau of the Census, 1971）。人口普查資料與其他資訊結合，開發出一套衛生資訊系統，該系統可反過來用於構建各人口普查區或街區的衛生與社會指標。經過因素分析，研究人員確認出一個強而有力的因素，即「社經地位」（socioeconomic status, SES），它與相當多人群服務問題的盛行率都有高度相關。該指標由五個變項組成（收入、職業、教育程度、家庭組成、家庭過度擁擠）。這些人口普查區根據五個變項值各別排序，然後將排名加總後求平均值，最後得到一個綜合分數（參見**表5-8**）。

根據綜合分數排序後，所有人口普查區域再依照四分位等級，由低到高分別標記為SES 1、SES 2、SES 3和SES 4。然後，人類服務機構的資料被換算填入這四個等級區域。結果如**表5-9**所示。

表5-8　各人口普查區依風險程度之排序

人口普查區	收入	職業	教育程度	家庭組成	家庭過度擁擠	總分/5
001						
002						
003						
...						
...						
095						

註：收入=家庭收入之中位數；職業=以半技術性或無需技術之工人百分比表示；教育程度=完成高中學業之成人百分比；家庭組成=雙親家庭之百分比；家庭過度擁擠=每一房間平均超過1.01人。

表5-9　指標與社經地位區域（SES Areas）之交叉分布

變項	SES1	SES2	SES3	SES4
嬰兒每千人之死亡率	35	25	19	14
每千人之粗死亡率	11	7	5	4
未婚懷孕百分比	34	16	9	3
每月住宅火警數	18	7	5	4
每月每千人被逮捕人數	12	7	4	2

　　近年來，隨著普查資料及「地樣整合地理編碼與參考系統」（Topologically Integrated Geographic Encoding and Referencing system, TIGER）資料更容易取得，規劃者們得以應用地理資訊系統（Geographic Information Systems, GIS），展現由此標定地區的好處（Queralt & Witte, 1998）。

　　「機構能使用GIS軟體製作出有意義且引人注目的地圖，並以視覺的方式呈現出重要的行政機關、警力執行⋯⋯以新的眼光審視該區域的問題，例如提供服務之斷層、低服務接受區、交通接駁問題，以及出現新需求的區域」（Queralt & Witte, 1998, p.466）。

　　上述方法具備以下優勢：(1)時間與經費的高效率；(2)可建立社會需求和危機之相對排序；(3)可以預測需求聚集處以提供服務設計重要的訊

息；(4)可建立日後評估所需的基準線。使用人口普查資料的一項缺點是資料更新速度慢，即使現在十年一次的人口普查會由特別研究在十年間更新資料，仍無法擺脫這項缺點。現在，人口普查局已逐步提供網路下載相關數據。當這些技術被適當地整合到地方決策和政治過程中，它們將能發揮實際的重要價值。若適當配合本章的技術，而準確且及時地辨識地理區域內的高危機人口群，將可更有效控管有限的資源。最近這種方法已有效應用在追蹤COVID-19疫情檢測與疫苗接種趨勢。

 總結摘述

前一章內容明顯以第一章討論過的邏輯模式為基礎，本章則反映第一章提及的其中一種邏輯模式：活動取向模式。

本章的基本觀點是需求評量兼具質性與量化層面。它不僅是需求的量化測量，還要留意什麼才是該測量的內容。因此，需求評量要從問題分析開始，只有完成問題分析後，才能進一步處理量化測量。

本章探討了一些確定需求程度的有用方法。這些方法相互依存，沒有任何單一方法能夠獨立提供完整的需求評量，而且每種方法都可再依前述四種需求觀點來分類。本章討論了每種評量方法的優點和限制，而時間與資源的限制通常是方法選擇時最重要的關鍵因素。

我們認為，需求評量所獲得的資料多為估計值而非絕對準確的數字，但這些估計值可用以告知社會大眾，並用來爭取決策者或政府官員的支持。此外，推估出標的人口群之後，可轉而形成資源與預算的估計基礎。需求評量結果會直接影響目的與目標的設定。由於目標必須可被測量且具有時效性，它得靠需求評量提供目標設定所需的主要資料。最後，需求估計是評估方案適切性的基礎。

下一章將在前面章節的基礎上，逐步引領讀者演練發展方案假設之過程，它將是成效導向方案規劃的樞紐。

 問題與討論

1. 當我們利用現有的調查資料去推估需求時，要當心別犯什麼錯誤？

2. 哪些量化測量需求程度的方法，同時又可用於凝聚社區意識？

3. 請解釋這句話的意思：「我們在使用服務統計資料時，可能只處理了冰山一角。」

4. 在促進公民或服務對象參與的過程中，除了提高參與度之外，我們還可能希望達到哪些成果？

5. 檢視需求在地理區域上的分布情形，有什麼好處？

參考文獻

Babbie, B. (2021). *The practice of social research*, (10 ed.). Wadsworth.

Bell, W. (1955). Economic, family and ethnic status: An empirical test. *American Sociological Review*, *20*, 45–52.

Berry, B. (1972). *City classification handbook: Methods and classifications*. John Wiley.

Delbecq, A., Van de Ven, A., & Gustafson, D. (1975). *Group techniques for program planning: A guide to nominal group and Delphi processes*. Scott-Foresman.

Department of Human Services. (1978). *Physically abused women and their families: The need for community services*, State of New Jersey.

Harris, A. (1971). *Handicapped and impaired in Great Britain*. HMSO.

Hobbs, N. (1975). *The futures of children*. Jossey-Bass.

Moroney, R. (1973). Use of small area analysis for evaluation. In R. Yaffe & A. Zalkind (Eds.), *Evaluation in health service delivery*. Engineering Foundation.

Moroney, R. (1976). The uses of small area analysis in community health planning. *Inquiry*, *13*, 145–151.

Moroney, R. (1986). *Shared responsibility*, Aldine.

National Resources Committee. (1938). *Problems of a changing population: A report of the Committee on Population Problems to the National Resources Committee*. Government Printing Office.

President's Commission on Mental Health. (1978). Report of the President's Commission on Mental Health: A summary of recommendations. *Hospital Community Psychiatry, 29,* 468–474.

Queralt, M., & Witte, A. (1998). A map for you: Geographic information in the human services. *Social Work, 43,* 455–469.

Redich, R., & Goldsmith, H. (1971). *Census data used to indicate areas with different potentials for mental health and related problems.* Government Printing Office.

Srole, L. (1962). *Mental health in the metropolis: The midtown Manhattan study.* Harper & Row.

Tonja, R., Overpeck, M., Ruan, J., Simons-Morton, B., & Scheidt, P. (2001). Bullying behavior among U.S. youths: Prevalence and association with psychological adjustment. *Journal of the American Medical Association, 285,* 2094–2100.

U.S. Bureau of the Census. (1971). *Health information systems, Part 2.* Government Printing Office.

U.S. Department of Health and Human Services (USDHHS). (1999). *Mental health: A report of the surgeon general.* Author.

Wallace, H., Gold, E., & Dooley, S. (1967). Availability and usefulness of selected health and socio-economic data for community planning. *American Journal of Public Health, 57,* 762–771.

第三篇

介入措施的規劃、設計及追蹤

- 選擇適當的介入策略
- 組織宗旨與方案之目的、目標及活動
- 設計有效的方案
- 設計成效導向的資訊系統

SERVICE

RELATIONSHIP

HE

QUALITY

SUPPORT

SOLUTION

ASSISTANCE

GUIDE

Chapter **6**

選擇適當的介入策略

本章綱要

本章目的是說明：

- 為什麼構思與設計方案應該從背後的假設出發？
- 如何從社會問題的瞭解中建立假設？
- 為什麼思考與瞭解適當的介入層次是一件重要的工作？
- 發展方案假設涉及的邏輯程序與步驟。
- 透過方案的設計與執行來檢測原因與後果之間的關係。
- 如何確保服務指向方案假設所認定的各項障礙？

本章涵蓋的主題包括：

- 方案假設
  範例：母親與孩童之健康
- 方案假設的類型
  從何處介入？
  範例一：導致失業的政治經濟因素
  範例二：兒童身心障礙成為兒童受虐的因素
  範例三：性行為與青少女懷孕
- 發展方案假設的過程
  社會條件的陳述
  社會問題的陳述
  需求評量
  從事邊際工作的母親
- 方案假設與後果的觀念
- 從方案假設到提供服務
  將問題分析整合至方案設計
- 方案假設的益處
- 總結摘述
- 問題與討論

　　我們在前三章區分並界定了社會條件、問題及需求，也進一步強調切勿太早決定解決方法。規劃要從確認一項社會條件開始，再將它轉化為某個社會問題，然後再將問題轉化為某種社會需求，這項需求即成為後續服務的標的。最後，我們討論了如何估算具有特定社會需求的人數、如何描述這些人的特徵，以及如何鎖定高度需求者集中的區域。

　　接下來的任務是彙整以上資訊，以制定介入措施。本章會介紹方案假設（program hypothesis）的概念，以及它對設定目的、目標及整個方案設計的核心功能。方案假設最終也會主導方案的監測與評估。

 ## 方案假設

　　大多數的人群服務專業人員可能會主張，由於他們從事的是行動而非研究，所以比較關心問題解決而非假設檢驗，然而，方案設計事實上就是一種提出假設的過程。雖然行政主管或方案規劃者多半不會指明並寫下方案預期，然後將其轉化為合乎邏輯且可以驗證的方案結果，但是許多人在設計方案時，腦子裏還是存在某種假設，即使形式相當簡單。行政主管從實務經驗累積而成的「預感」（hunch），就是一種原始的假設形式，亦即能預料某種介入會使某問題或現狀產生特定變化，例如親職教育可以預防兒童虐待。

　　我們可以把假設想成一連串「若─則」（if-then）的陳述。有效的方案設計就應該建立這樣的假設（例如：若提供親職教育課程，則可預防兒童虐待）。「若─則」的陳述也是日後評估方案的根據，因為方案評估即是假設檢驗（例如：提供親職教育課程後，是否成功預防兒童虐待？）。透過假設，方案規劃者得以確認出有意義的目標，並將這些目標構建成整套階層式的陳述。因此，目標實際上就是一套「手段─結果」（或「若─則」）的陳述。

　　在探討問題成因的文獻中，我們可以找到「預感」的根據。理論就在這裏與實務結合（第二章曾對此詳細討論）。

範例：母親與孩童之健康

以下範例可幫助讀者理解方案假設。在1960年代中期，美國衛生教育福利部關切嬰兒死亡率與智力發展障礙等問題，於是撥下經費開發多項母嬰健康照護方案。雖然新方案看起來沒什麼不同，但背後隱含的假定（assumptions）[1]或假設其實有很大差異。以下是這些假定：

· 嬰兒的死亡率與智力發展障礙與出生時體重不足（早產）有關。
· 嬰兒出生時體重不足，與母親懷孕期間的疾病、創傷及營養不良有關。
· 上述條件更常見於某些族群，例如未成年青少女、35歲以上產婦、多次生產的婦女、有早產過的婦女，以及低收入家庭的婦女。

根據上述這些相互關連的假定，可設定出以下方案假設：

若我們能鎖定這些高風險婦女，且若我們能讓她們加入我們的方案，且若我們提供的服務能有效處理早產牽涉的因素，則我們應能看到早產事件的減少，且則我們應能看到嬰兒死亡率與智能發展障礙事件的減少。

上述假設很容易轉化成傳統的研究架構（這基本上就是方案評估所做的事情——假設檢驗）。

我們之所以現在就談到方案評估，而不像一般教科書留待最後才談，是因為方案假設是監測與評估方案的基礎。規劃、設計及評估往往沒有緊密連結，導致評估根本無法反映方案結果。方案評估若沒出自嚴謹的規劃過程，無論評估結論是樂觀或悲觀，通常都沒有正確根據，甚至無法

---

[1] 譯註：「假定」（assumptions，或可譯為「預設」）是指方案規劃者已經視為真實的陳述或信念（雖然未必公認為絕對正確），所以不會再進行檢驗；而「假設」（hypothesis）則是需要經過後續檢驗其真偽的陳述。假設是以假定為前提而開展出來。

得出結論。當這些有缺陷的評估結果被當真，以為它們可準確反映績效，最後就會被用來決定補助該延續或終止，後果之嚴重可想而知。我們之後會有專章討論監測與評估，這裏則需要先打下必要的基礎。

Freeman與Sherwood（1965）在一篇早期的文章討論過方案評估。他們曾評估過許多「貧窮作戰」（War on Poverty）與「大社會」（Great Society）的相關新興方案，那篇文章就是從這些經驗撰寫而成。他們發現一般的評估是等方案結束（通常是在年底），再另請專人評估。但是當評估人員讀到方案規劃者提供的計畫書副本，會發現裏頭竟沒有寫明任何目標，或即使有目標也無法測量（關於如何判定目標能否被測量，請參見第七章）。有時評估人員會聲明，他要等方案人員擬出可測量的目標後才開始評估。Freeman和Sherwood對此的心得是：多帶幾本小說去，因為要等很久。另一種情況是，評估人員被告知由他來擬定目標。如果他同意，也「評估」了方案，但結論是方案不成功，那麼方案人員就會宣稱那些目標是評估人員自己設定的，而不是方案真正的目標。

評估前應該要有一套陳述，說明方案或服務內容（自變項）與預期成果（依變項）之間的關係。在上述例子中，自變項是周全的產前照護服務（包括積極發現個案與外展），依變項則是嬰兒死亡率與智能發展障礙的發生率。

中介變項（intervening variables；本章後文稱之為中間成果 intermediate outcomes）是出現在自變項與依變項因果鍊中間的變項，也會影響結果。中介變項的概念讓我們理解到，人群服務專業面對的複雜問題常需要用多重因素的解釋模型。從處遇到成果之間通常存在一長串複雜的事件連結，為了檢驗方案假設，就須具體勾勒出這整串因果關係。

在母嬰照護的例子中，服務與嬰兒死亡率降低之間的關係非常複雜。方案之所以能產生成果，是服務經由改善高風險母親的營養與健康狀況。這就運用了中介變項的概念：在一連串的步驟或事件，每一事件都是前一事件的結果，也是下一個事件的先決條件。**圖6-1**呈現這些變項之間的關係。

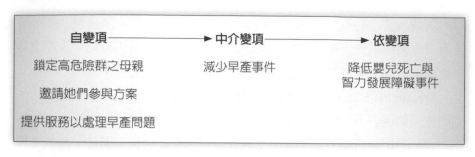

圖6-1　變項之間的關係

 方案假設的類型

從何處介入？

　　雖然我們這幾章採用「因果關係」（causation）的概念，但在此所謂的「原因」（cause），僅意味與某條件之存在有所關連的因素，而非典型因果關係（cause and effect）下的「原因」。例如，吸煙是與癌症、心臟病、肺氣腫等疾病相關的因素，但它並不是典型「因果關係」下的「原因」，因為不吸煙者也可能罹患這些疾病，而且有些吸煙者不會罹病。社會問題背後很少是單純的線性因果關係，它們通常是多重因果關係，亦即同時存在多項與問題相關連的因素。

　　如果想成功處理一個問題，就應該修正或消除「與該社會條件有關連的因素」。因此，分析的目的之一是確認前置因素（preconditions，或稱先決條件），也就是問題的根本成因。然而，在考慮方案切入點時有其他特殊考量，有些前置因素不適合在社區介入處理。例如：

　　‧有些前置因素僅能從大區域或全國性的層級處理（參見下文範例一）。

．有些前置因素尚無法介入處理，因為我們還缺乏改變它們的知識
　或技術（參見下文範例二）。

．有些前置因素之所以無法處理，乃因其無法被控制，或強行控制
　是社會文化無法接受的（參見下文範例三）。

　　理解上述三種特殊情況非常重要。以下舉出三個對應範例，說明當
我們遇到這些情況而懂得切換問題視角時，將可開拓不一樣的方案路線。

範例一：導致失業的政治經濟因素

　　有些人認為，諸多社會問題是政治經濟體制（例如資本主義）造成
的。如果從這個層面著手，解決方法多半涉及對體制採取基進的變革或修
正。或許這種問題分析在理論與程序上都沒錯，但地方層級的工作人員很
難去改變體制，無論它是資本主義還是社會主義。

　　我們的社會確實會讓某些人遭遇週期性或長期性的失業。當前的經
濟體制具有三種特性：(1)成長與衰退總是週期循環；(2)失業率下降後常
接續通貨膨脹；(3)經濟體制的結構與失調因素會製造許多狀況，例如某
些勞動市場的失業率較高、區域機會不均、婦女與弱勢族群被導入低薪的
次級勞動市場或毫無晉升機會的工作，甚至有些人完全被排除在勞動市場
之外，這些皆促成一個永無翻身的下層階級。

　　雖然造成這些問題的「原因」，是給企業更大自由卻不完美的資本
主義體制，但這裏的「解決方法」不太可能是直接翻轉整個體制，而是採
用幾種策略：(1)為失業者提供職業訓練；(2)向雇主提供誘因（通常是減
稅），鼓勵他們僱用失業者與未充分就業者；(3)吸引新產業進駐以創造
當地就業機會。如此一來，分析焦點已從失業現象的原因，轉移到為什麼
社區某些人會在特定時刻失業。倘若我們繼續將經濟體制視為原因，假設
可能從這個方向推論：

- 若我們修正經濟體制來控制成長與衰退的循環、抑制不斷的通貨膨脹。
- 則我們能降低或預防導致區域機會不均、排除性的勞動市場、婦女與弱勢族群被迫進入低薪資之次級勞動市場等狀況的結構與失調因素，
- 則我們終將減少永遠被迫處在下層階級的人數。

顯然，上述假設指向的解決行動已超出地方機構的掌控範圍。既然知道無法處理「經濟體制的不完美」這項根本問題，我們轉而建構更實際的假設如下：

- 若我們能確認個人失業的相關因素，且
- 若我們能提供促進失業者就業的必要誘因，
- 則可望降低當地的失業率。

把焦點從大規模的國家議題轉移到地方議題，讓我們在理解根本原因並體認到它超乎地方權限的同時，亦可在地方能處理的架構下解決問題。

範例二：兒童智力障礙成為兒童受虐的因素

這個例子比範例一更微觀，可進一步釐清方案假設的概念。過去許多研究發現，照顧嚴重智力障礙兒童的家庭比其他家庭更容易虐待孩子。假如從這裏直接推論兒童受虐的「原因」，會歸咎於智力障礙這項條件的存在。

然而，沒有任何方案能循著這條思路提出「解決方法」，因為沒有人能消除嚴重智力障礙這項條件。目前的知識技術還無法逆轉這種病症，我們無法將智商從五十提高到一百，或逆轉唐氏症患者的生理現象。因此，從服務可切入的角度而言，我們不會將家中有智障兒童視為問題的

「成因」，而是要從這些兒童對家庭引發的壓力著手。於是，方案假設的寫法將從「若我們能消除孩童的智力障礙」改為「若我們能減輕照顧智力障礙兒童所帶來的壓力」。

範例三：性行為與青少女懷孕

青少女懷孕的例子可說明有時不從前置因素著手的另兩種原因。第一，這不是可由社區掌控的議題；第二，即使想透過社區的力量掌控，也不被社會文化所接受。今日的家庭、教育工作者及人群服務專業，都要面對青少女懷孕暴增的問題。這背後還包括許多複雜的細部問題。在美國，每年約有十分之一的青少女懷孕，等於每年有超過百萬名青少女懷孕。

其中超過一半的的青少女會選擇生下孩子，近40%則選擇墮胎。或許有人會主張，就像在範例一的資本主義是失業的「真正」原因、範例二的嚴重智力障礙是兒童受虐「真正」原因一樣，現在這個例子的真正原因是發生性行為。因此，解決方法就涉及減少或消除青少年的性行為。然而，考慮到美國社會根本無法約束這些性行為，處理青少女懷孕的服務方案多半會改變方向下手，亦即「避免受孕」。現在標的不再是性行為而是受孕，而介入重點變成教導有效的避孕措施以降低懷孕機率，方案假設便由「若我們能防止性行為」改為「若我們能防止受孕」。

在上述三個例子，我們從較高層次的因素移轉到另一個我們可著力的因素層次。資本主義盛行、家中有智障兒童、青少年的性行為，或許是分別導致三項問題的「真正原因」，但卻不是實務上能夠處理的原因。我們稱它們為問題存在的「前置因素」，它們有助於解釋現象，讓我們更有洞察力，但並不是介入的標的。

發展方案假設的過程

　　讓我們稍微回顧前面的範例一。在討論就業時，我們探討了失業、未充分就業、結構與失調因素，以及主要與次級勞動市場等議題。我們的結論是：介入措施很可能指向職業訓練與創造就業機會，而非處理問題的根本原因。

　　接下來，我們要用一個例子說明如何在地方層級處理失業問題，並帶領讀者走過截至目前介紹過的所有方案規劃過程。

社會條件的陳述

　　某郡政府人群服務部門最近的調查顯示，晨邊地區（Morningside）的一萬戶家庭約有二千戶的年收入低於18,000美元。這項社會條件是一則事實陳述，但也只是一則事實陳述。這裏還未對該事實進行任何解讀，也沒有對這個事實進行價值判斷（關於從社會條件到介入的詳細討論，請參閱第三章）。

　　之前已說明過「社會問題」是與社會條件相對的概念，它是由某人或某群體根據其價值框架對一項社會條件進行的解讀。在某些情況下，這種解讀會將該社會條件標示為社會問題，解讀與問題標示也就會激起行動並成為行動的正當理由。

社會問題的陳述

　　在晨邊地區，有二千戶家庭居住在不安全且未達該社區最低標準的條件之下。這個比例達到20%，幾乎是該郡其他地區的兩倍。因此，有關當局應該將資源集中在晨邊社區，設法提高這些家庭的收入。

這段社會問題的陳述分為三個部分。第一部分指出：一個家庭收入為一萬八千美元不僅不夠，而且非常低，使家庭處在高度危機之下。這是「質性」的陳述（qualitative statement）。第二部分說明：相對於郡內其他地區，這種狀態的規模或數量已經成了問題。此為「量化」的陳述（quantitative statement）。綜合前兩項陳述便形成第三則陳述的基礎：應該對這種狀態採取行動。這是行動的正當性陳述（justification for action statement）。

將這種社會條件標示為社會問題，為介入提供了合理性的基礎。接下來的任務是確認這二千個家庭是哪些家庭？為什麼他們的家庭收入會低於18,000美元？經過調查並在後續幾個月召開多場社區會議後，得到以下的資訊。

需求評量

在年收入低於一萬八千美元的二千戶家庭中：

- 有一千戶（50%）以母親為戶長的單親家庭，母親從事收入低微的邊際工作[2]（marginal job），幾乎沒有升遷機會。
- 在二百戶（10%）家庭中，身為一家之主的父親因為酗酒或藥物濫用問題，只能打零工維生。
- 有五百戶（25%）以母親為戶長的單親家庭領取政府發放的「低收入家庭臨時津貼」（Temporary Assistance for Needy Family, TANF；過去稱為「失依兒童及家庭之生活補助津貼」，或AFDC）。
- 有二百戶（10%）為雙親家庭，父親雖有全職工作，但收入只略高於最低薪資，母親則因為要照顧家中的學齡前兒童而無法工作。

---

[2] 譯註：意指收入少、工作重、時間長且不規律的工作。

‧有一百戶（5%）是由老年人組成的家庭。

以上需求評量讓我們瞭解為什麼這些家庭的年收入會低於18,000美元。我們進而知道這個社區至少有五類家庭，各因不同原因而成為低收入戶。當我們開始進入規劃前，這種分析相當重要，它是我們發展方案假設的基礎。像這裏即可依五類家庭建立五套方案假設。需求評量也估計出各類低收入家庭的戶數，這是設計具體介入措施時相當重要的資訊。以下我們將以第一類家庭（從事邊際工作的母親）為例，引導讀者從假定開始發展出方案假設。我們在這裏只是擇一示範服務設計的思路，因為另外四類家庭各自代表不同的次族群，成為低收入家庭的因素並不相同，它們需要的方案假設並不一樣。對第一類家庭的方案假設並不適用於其他家庭，從這個假設開展出來的服務也無法有效解決其他家庭類型的問題。

從事邊際工作的母親

針對一千戶僅靠微薄收入生活、以母親為戶長的單親家庭，我們的介入措施可能至少會包括以下幾個部分：

‧強制父親負擔孩童的贍養費用。
‧就業訓練與安置。
‧托育服務。

這些家庭的父親可能沒有負擔子女的贍養費。雖然美國的法院通常會強制父親負擔這筆費用，但有些父親會拒絕按時支付。有時母親出於種種原因，而沒上法庭進一步爭取。另外，許多母親可能因為缺乏勞動市場所需的技能，只能從事次級勞動市場的工作。最後，有些母親因為付不起托育費用，而無法從事全職工作。

方案假設：

‧若這些婦女能獲得勞動市場所需的工作技能，且

· 若協助她們在主要勞動市場找到工作，且

· 若她們能獲得一定品質的托育服務，分擔照顧孩童的責任，

· 則她們更能順利完成在職訓練、找到且維持一份工作，並提升她們的生活至合理水準。

· 此外，對其中某些家庭而言，

· 若母親能獲得孩子的贍養費用，

· 則這些母親會有更多的選擇機會。

她不但可增加家庭收入，還能在兼職和全職工作之間做選擇，甚至可以回頭完成學業，重新建立其生涯。

方案假設與後果的觀念

到目前為止，我們已經討論了主要或終極原因，以及圍繞著該原因的相關因素。方案假設應盡可能清晰且一致地聚焦在原因或與原因相關的因素。然而，社會問題通常不只會有主要效應，還可能蔓延出第二層甚至第三層的後果（consequences），就像是漣漪盪出的一連串同心圓。這時方案規劃者常需要把注意力從原因轉移到後果，探討與後果相關的因素。

我們這裏再用受虐婦女的範例來說明。如果我們想要預防家庭暴力，可能就要確認社會發生暴力的原因。雖然原因可能很多，但許多學者認為，我們之所以會變得暴力，是因為我們在社會化的過程中接收了暴力文化。換句話說，我們生活在一個不僅接受暴力而且還贊同暴力的社會。David Gil早在50年前就提出這項論點（Gil, 1970），卡內基兒童議會也同意這項結論（Kenniston, 1977），認為這些暴力文化遍及體育暴力（特別是足球）、職場暴力（尤其在軍隊與紡織重鎮），以及媒體中的暴力。

如果我們認為預防家暴要從削弱暴力文化做起，可能會陷入前述欲從政治經濟體制解決失業問題的困境。所以，我們現在從初級預防轉向「二級預防」或早期介入。在Google搜尋「預防家暴」（domestic

violence prevention）很容易就找到上百個有關如何找出早期受虐婦女的方案。這些可能是大眾推廣教育方案，也可能是專門幫助專業人員建立篩選通報機制的方案，但目的都是在問題惡化前及早發現和介入。校園霸凌是另一個二級預防的例子，這類行為模式會產生深遠的負面影響。一項全美的調查以大約16,000名六年級到十年級的學生為樣本，發現有13%的學生自己承認有霸凌行為，10.6%的學生承認受到霸凌，而有6.3%的學生既是霸凌者，同時也受到霸凌（Tonja et al., 2001）。

如同之前我們以原因和相關因素來發展方案假設的做法，我們也能以各種後果及其相關因素來發展方案假設，此即三級預防（tertiary prevention）的概念。

按照本章一開始的母嬰健康範例的架構，現在我們可先試著列出假定，推想婦女為何受虐。在第二章關於家庭暴力的文獻討論基礎上，我們可提出以下假定，並引導出介入措施的工作假設。

由於有些婦女經歷到下列情形：

‧低自尊、有廣泛性焦慮症；
‧與朋友、家人及社區缺乏聯繫；
‧缺乏滿足基本需求的經濟來源；
‧缺乏基本教育和就業市場所需的技能，而無法獲得一份有固定薪資的穩定工作以滿足其基本需求，

結果使得這些婦女因為下列原因而容易淪為家庭暴力的受害者：

‧具有各種個人、情緒和心理問題；
‧孤立於社會支持系統和人際網絡；
‧依賴伴侶以取得經濟上的支持；
‧嚴重缺乏獲得一份安穩工作的能力。

若能對受暴婦女採取下列行動：

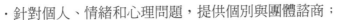

・針對個人、情緒和心理問題，提供個別與團體諮商；

・提供個案管理服務，促成服務對象與外界保持適當的接觸，使其在接受處遇後能建立持續且穩定的生活方式；

・提供財務規劃服務，以幫助他們管理收入，並維持生活基本開支；

・提供就業訓練與安置服務，

則參與方案的婦女可望：

・提升自尊、減輕焦慮；

・滿足居住及育兒需求，同時也滿足在社區獨立生活的其他必要需求；

・有效管理其財務；

・能夠在其生涯中獲得一份安穩的工作，並賺取能滿足其經濟需求之薪資。

 # 從方案假設到提供服務

如果我們能提出一套清楚的關係性陳述（若—則，手段—結果），就能發揮上述將條件轉換成問題、再將問題轉換成需求這種方式的優勢。這些陳述不僅說明我們要做什麼，還說明我們為什麼這樣做。這是我們採取行動的正當理由，也是我們選擇特定行動方式的理由。然而，若方案規劃者就此打住，最後也不過就是一連串符合邏輯、理論正確的陳述而已，並無法對服務對象產生任何實際的助益。

成效導向方案規劃的價值在於開創、設計、執行一套相關服務，藉此減少或消除問題。如果問題分析及其接續產生的方案無法實際為服務對象和社區帶來益處，那麼這個過程只是在浪費時間。

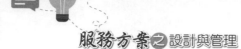

將問題分析整合至方案設計

可惜的是，過去許多方案雖然進行了詳盡分析，也耗費大量時間與資源，卻在開發具體服務時把這些分析結果拋在腦後。這就像醫生要求實驗室進行一堆縝密的醫學檢測，最後卻不管檢測結果，逕自開立與診斷結果不相干的處方，只因為這些處方比起「正確」的處方要來得容易、省事或便宜。在此，讓我們再舉一個直接服務的例子來說明。

有位個案工作者在協助婦女自立方案的工作過程中，要去確認達成方案目的的所有潛在障礙，並從中導出個案的服務處置計畫。如果已確認出許多障礙，卻在處置計畫中只列出個別諮商與親職教育兩項服務，會是怎麼一回事？這兩項服務與問題、原因和解決方法皆無關連，顯然應該提供其他服務。

若方案規劃者無法將原因、後果、相關因素及服務連結起來，也會犯下同樣的錯誤。我們介紹這套方案規劃的改進模式，就是不希望又回到「例行公事」模式的老路，不要只因為機構過去提供此服務，就繼續維持該服務。當規劃者忽視原因、後果、相關因素之間的不一致，將使方案虛耗資源、提供無效服務，並以失敗告終。既然有新的分析發現，就需要重新設計或創造新的服務。

我們將在第八章探討如何設計或重新設計服務。但下一章會先從方案假設轉向設定目的與目標，它們將成為我們開發新服務的指引。目的與目標會俐落地概括問題分析、需求評量、方案假設三個部分，然後引導出服務設計。

 方案假設的益處

　　上述的方法從問題分析開始，接著進展到需求評量、建立方案假設，並設定一套層次分明的目的與目標，整個過程相較於其他規劃方法具有許多益處，在此分別討論之。

方案假設有助於將方案聚焦於問題，而非僅只於活動

　　如今，人們愈來愈期待管理者能具體測量組織績效，來對經費來源與政策部門負責，同時也要善加考量可利用的資源、技術以及服務對象的需求與偏好。要想滿足各方期待，組織與方案必須抓住理解問題與解決問題的軸線，而不是僅僅圍繞著員工埋頭從事的活動。

　　在我們先前對家庭暴力的討論中，問題分析、方案假設、目的與目標之設定，均以如何保護受害婦女及其子女為重心，並提供當事人長期獨立生活所需要的支持。由於方案假設是以問題為導向，它促使我們必須先想清楚方案的目的，而非直接跳到服務措施的細節。

　　傳統的規劃方法往往把重點擺在工作人員提供的服務，最終落成「為服務而服務」。若未依據方案假設設定出問題導向的目的與目標，則方案開展的重點可能只會放在提供多少個案服務，然後任由個案工作人員自行判斷服務對象的需求。這種方法很可能導致不停地嘗試錯誤，且無視研究和評估結果指出的問題因素，因而繼續讓受暴婦女處在身體與情緒的暴力風險中。

方案假設可以讓方案活動銜接成果

　　Hatry（2012）在討論服務成果的重要性時指出，現在有愈來愈多精

緻的技術可以讓人群服務組織追蹤成果，該成果可能來自不同案主類型，或來自接受不同服務和數量的案主，又或來自不同辦公室和工作人員的方案。雖然這類資訊未必能從中建立明確的因果關係，但可以引導管理者做出更多有效作為，也更不會白費功夫。此外，如果我們發現方案對某些案主較成功，對另一些案主則否（例如教育程度不同、就業經驗不同或具有不同種族背景的母親），將激勵我們去探討為什麼會有這些相對不成功的情況，並試著改變方式來幫助這些對象。

從方案假設將介入的手段和結果連結起來，是相當重要的，如此才能讓管理者判斷方案是否如預期發揮效用。這句話看似簡單，實際上卻牽涉方案評估兩個不同的核心課題：

1.我們是否按照設計實際執行方案？
2.各項預期結果已實現到什麼程度？

既然介入措施的假設是方案實施與預期結果之間的關係，那麼我們要先確定兩件事：(1)介入是否按照設計執行（例如確實提供個案管理服務、諮商輔導、財務管理訓練、就業訓練與安置）；(2)預期結果（例如提升自尊、減輕焦慮、強化社會支持網絡、具備有效管理財務之能力、就業能力、自給自足等）實現到什麼程度。這兩件事是讓方案緊貼問題與需求的基礎，也讓我們最後有根據去判斷方案假設該被支持、推翻或修正。

方案假設能夠成為長程規劃的基礎

我們這裏提出的規劃構思系統要求規劃者的思考必須超越現況，更準確地說，要超前至少一個年度。以問題作為方案規劃的核心，並將服務活動與預期結果或成果連結在一起，可促使我們更把心力放在長程效應上。就Austin與Solomon（2000）所言，長程規劃是「管理哲學上的躍進，由被動的危機管理進展到主動的策略管理」（頁342）。

我們關心的問題大多很複雜，無法在一個年度內解決。正因問題規

模這麼大，我們只能在一年內幫助部分有需要的人，或只能在一年內完成部分的服務項目。因此，我們需要設定多年的目標，並估計達成這些目標所需的資源。

舉例來說，我們經由需求評量估計出某地區隨時都有約180名年輕婦女符合家暴受害者高危機人口群的定義。在方案規劃時，熟悉家暴服務的專業人士可能會計算出第一年僅能服務約30名婦女，這取決於該方案提供的容量和資源。規劃者仍會希望在第二年起擴展服務能力以服務更多人，並設法取得所需的資源。這個規劃過程也就可能去找社區其他可能參與方案的婦女庇護中心，讓未來能服務更多婦女群體。

方案假設可作爲持續監測與評估服務過程的參考架構

我們所描述的規劃系統會有不同層次的成果。其一是方案預期的終極結果，另外則是所謂的「中間成果」。在我們的例子中，想達到的終極結果是透過減少累犯來減少社區內的家庭暴力。然而在實務上，欲改變受虐婦女對施暴者的依賴，必然要改變其生活方式和態度。因此在方案啓動一年內，應該還看不到對社區的影響。但這並不表示要等到第二年結束才能進行方案評估。我們仍可在適當的時機測量中間成果，例如服務對象是否完成個別復健方案、是否熟悉特定的知識與技能，若結果未如計畫預期，我們就有能力在計畫初期進行修正。

再次強調，方案假設及隨之形成的目的與目標，讓我們得以儘早開始評估。前例設想了下列變項間的關係，包括：(1)低自尊（Kirkwood, 1993），(2)高焦慮（Tolman & Rosen, 2001），(3)缺乏獨立生活所需之技能（Johnson & Ferraro, 1998），(4)不良的財務管理能力，(5)缺乏就業的技能（McCauley et al., 1995）。我們可以觀察：方案是否提高案主的自尊？降低焦慮？改善財務管理知識？是否掌握了獨立生活技能？是否成功完成了訓練課程？若是如此，這些新掌握的技能是否促使案主穩定工作，協助其建立成功的職涯？如果方案假設正確，且介入措施有效，方案初期

就應該可以測量出這些改善，至於社區家暴事件是否減少，則可晚點再測量。

方案假設可提供成本效益（cost-benefit）與成本效能（cost-effectiveness）的分析來源

方案假設的最後一個好處是讓我們能結合成本資料與方案資料。方案假設可作為連結資源與成果的參考架構。財務管理系統的成效應該根據它對服務成效的貢獻來評估（Ezell, 2000）。成本資料讓我們進一步評估這些成果花費了多少成本。這讓管理者能夠回答以下問題：

1. 該方案的支出有達到成效嗎（以這樣的成本達成這樣的結果，是否值得）？
2. 我們能否用更低成本達到同樣的結果？

這些議題將在後續有關預算的章節中詳加討論。

總結來說，方案假設可作為重要的轉銜陳述。它是透過早期對問題與需求所進行的研究分析而制定，並為方案後續部分奠定基礎。接下來的目的與目標將確立方案的方向，因此目的與目標必須與方案假設一致。規劃者要留意所屬機構的總體目的與方針，機構宗旨通常會明確指出這些大方向。

總結摘述

本章是之前所有任務（即問題分析與需求評量）完成後所達到的頂峰，它為方案其餘部分奠定基礎。這章已可將前面章節討論過的各部分組合起來。假如我們以階層的型式將假設想成是一連串「若—則」的陳述，亦即由兩個不同層次的陳述所組成，那麼我們就能夠勾勒出我們正要做的事（較低層次的陳述，即輸出）以及我們希望達到什麼（較高層次的陳述，即成果）。

　　此外，我們必須確定要解決問題的哪一層面，這裏討論了三個焦點：第一，防止問題發生；第二，及早介入以預防問題惡化；第三，試圖改善問題的後果。因焦點不同，我們就會從不同面向的研究，來評估並鎖定方案中的特定因素。一個經過深思熟慮的假設將成為所有後續活動的基本架構。

 問題與討論

1.為什麼在發展一套有效的方案時，必須有清晰明確的假設？
2.假設與預感有何不同？
3.「假設是一連串『手段—結果』的陳述」，這句話是什麼意思？
4.「以發展假設作為方案評估之起點」，這句話是什麼意思？
5.我們如何在假設中同時發展出較低層次與較高層次的陳述？

參考文獻

Austin, M., & Solomon, J. (2000). Managing the planning process. In R. Patti (Ed.), *The handbook of social welfare management* (pp. 341–359). SAGE.

Ezell, M. (2000). Financial management. In R. Patti (Ed.), *The handbook of social welfare management* (pp. 377–394). SAGE.

Freeman, H., & Sherwood, C. (1965). Research in large scale intervention programs. *Journal of Social Issues*, 21(1), 11–28.

Gil, D. (1970). *Violence against children: Physical child abuse in the United States*. Harvard University Press.

Hatry, H. (2012). Outcomes measurement in the human services: Lessons learned from public and private sectors. In J. Magnabosco & R. Manderscheid (Eds.), *Outcomes measurement in the human services: Cross-cutting issues and methods* (2nd ed., pp. 3–19). NASW Press.

Johnson, M., & Ferraro, K. (1998). Research on domestic violence in the 1990s. *Journal of Marriage and the Family*, 62, 948–960.

Kenniston, K. (1977). *All our children: The American family under pressure*. Harcourt Brace Jovanovich.

Kirkwood, C. (1993). *Leaving abusive partners: From the scare of survival to the wisdom of change*. SAGE.

McCauley, J., Kern, J., Koladron, D., & Dill, L. (1995). The battering syndrome: Prevalence and clinical characteristics of domestic violence in primary care. *Annals of Internal Medicine, 123,* 737–745.

Tolman, R., & Rosen, D. (2001). Domestic violence in the lives of women receiving welfare. *Violence Against Women, 7,* 141–158.

Tonja, R., Overpaek, M., Pilla, R., Ruan, J., Simons-Mortin, B., & Scheidt, P. (2001). Bullying behavior among U.S. youths: Prevalence and association with psychological adjustment. *Journal of the American Medical Association, 285,* 2094–2100.

SERVICE

RELATIONSHIP

QUALITY

SUPPORT

SOLUTION

ASSISTANCE

GUIDE

Chapter **7**

組織宗旨與方案之目的、目標及活動

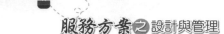

本章綱要

本章目的是說明：

- 從方案假設轉換到組織宗旨與方案目的、目標及活動。
- 組織宗旨與方案目的、目標及活動之間的關係。
- 組織宗旨的陳述。
- 方案目的。
- 方案成果。
- 方案輸出。
- 方案活動。

本章涵蓋的主題包括：

- 從方案假設到方案行動
- 組織宗旨的功能
- 方案之目的、目標及活動：行動的架構
- 機構案例：**Safe Haven**
- 構建方案目的
- 構建方案目標與方案活動
- 方案成果目標的要求
  清晰性
  改變標的
  結果
  時程
  測量標準
  責任歸屬
- 方案輸出目標的要求
  測量
  時程
  責任歸屬
  方案活動的要求
  測量

時程

責任歸屬

· **Safe Haven**之機構案例

· 這些努力值得嗎？

· 總結摘述

· 討論案例

· 問題與討論

從方案假設到方案行動

　　到目前爲止，討論的重點一直放在需求和社會問題上。所有的方案假設要件，包括標的人口群所面臨的問題與需求、透過服務來解決問題、監測服務情況，以及預期的短長期成果，都與第一章的邏輯模式各階段相吻合。**表7-1**說明了方案假設與邏輯模式的對應關係。**表7-1**的所有部件都必須整合進方案之中，爲了達成這項任務，則需回到組織宗旨，同時從中設定方案的目的（goals）、目標（objectives）及活動。

組織宗旨

　　每個組織都需要明確的方向。如果組織的存在缺乏明確理由，那麼它在投入各種重大社會議題時，就很難產生什麼成果。蘋果電腦公司的共同創辦人Steve Jobs曾多次強調：對一個組織來說，知道它「不應該做什麼」和「應該做什麼」同樣重要。組織宗旨概括了機構存在的理由，可確定哪些類型的方案適合機構、哪些方案超出範圍。正因組織宗旨如此重要，它必須通過特定公部門與非營利機構理監事會的正式批准。

表7-1 邏輯模式與方案假設的對應

邏輯模式的部件	定義	範例
輸入	資源（工作人員、經費等）、原料（參與者、案主、病患）	・因依賴施暴者而遭致家庭暴力的婦女。 ・各項資源，包括受過訓練的工作人員，能藉其專業能力協助服務對象提升自尊、降低社交焦慮、建立與社區資源的聯繫、培養財務管理技能、學習工作技能，並得到一份安穩的工作。
過程	從輸入轉換成方案的產品與服務	・運用個人與團體諮商處理個人、情緒及心理問題。 ・提供個案管理服務，以促進個人與社區連結，從中建立穩定生活。 ・設計財務規劃服務以管理收入並滿足基本花費。 ・就業訓練與安置。
輸出	測量值，包括提供的產品或服務量，以及完成所有指定服務的參與者、案主或病患人數	・每項產品或服務都將被量化，以測量中間輸出（服務單位量）與最終輸出（完成所有指定服務的案主人數）。
成果	接受服務之對象所展現出來的效益	・自尊的改善。 ・降低社交焦慮。 ・使用社區資源獲得獨立生活的知識與技巧。 ・展現的管理財務能力。 ・展現的重要工作技能。 ・案主接受職業訓練後獲得工作上的安排。 ・降低重回同一名或其他施暴者身邊的機率。
影響力	組織、社區或系統因產品或服務產生之可測量的改變	・整個社區因依賴施暴者而成為受虐婦女的通報事件與百分比隨之減少。

　　組織宗旨的另一層意義是它劃定了寬廣且相對穩定的行動範疇，然後在這個範疇內開發與實施方案。組織宗旨的陳述包含至少一項要實現的結果（成果），以及明確的標的人口群。一則良好的、清晰的組織宗旨通常只有寥寥幾句，**表7-2**列出幾個例子。

表7-2 組織宗旨範例

組織型態	組織宗旨列舉
家庭暴力庇護中心	針對遭受身體與情緒暴力的婦女及兒童，確保環境安全，並強化其能力，使其在免於暴力的正向環境中自立生活。
家庭服務機構	使家庭具備適當的能力與穩定性，讓個別家庭成員能實現潛能，同時相互形成強力支持與具建設性之家人關係。
藥物與酒精濫用諮商中心	針對曾有藥物或酒精成癮的人士，促進並支持其實現積極充實的生活方式，包括穩定之工作與穩定之家人及人際關係。

Brody與Nair（2014）指出，組織宗旨應該是機構最穩定持久的部分。若組織宗旨經常變化，通常代表該機構在定位時出現問題。組織宗旨的相對穩定性也代表組織所關心的問題與需求範圍廣泛，而且不太可能在短期內實現。

 ## 方案之目的、目標及活動：行動的架構

成效導向方案規劃接下來的步驟是建立方案的目的、目標及活動。組織宗旨是為了整個組織而確立，目的、目標及活動則是為各個單獨方案確立的。

方案目的、目標及活動為行動提供了架構（Lewis et al., 2014）。方案目的是整體方向；方案目標是想達成的各種明確期望；方案活動是為了實現目的與目標而須執行的具體任務細節。它們之間的關係如**圖7-1**所示。方案目的、目標及活動同時也形成監測、績效測量及評估的參考架構（Martin & Kettner, 2010）。

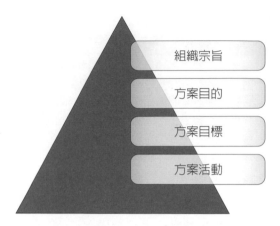

圖7-1　組織宗旨、目的、目標及活動之間的關係

 機構案例：Safe Haven

　　我們在此以一所名為Safe Haven的家庭暴力庇護中心作為說明案例，後續章節也會一直沿用此例。該機構對受暴婦女實施三大方案：(1)個案管理；(2)個別與團體諮商；(3)職業訓練與就業安置。這些方案如**圖7-2**所示。我們根據這個案例設想一個狀況：州政府向Safe Haven提供經費用以檢驗方案假設——若家庭暴力受害者（主要是因為過於依賴施暴者）接受並完成機構的三大方案，則她們將能自給自足、遠離施暴者，並獨立生活。

圖7-2　Safe Haven機構方案的組織圖

本章後續將說明Safe Haven為了設定方案目的、目標及活動，需要採取哪些步驟。

 ## 構建方案目的

目的有助於讓方案聚焦，並確保方案「必須」符合組織宗旨。目的陳述了方案預期結果（成果）。藉由明確的陳述，目的會以具體、可操作化的面貌呈現。從目的出發，可進而設計一組方案目標（包括成果、輸出）與方案活動，以推進實現方案目的。Safe Haven三大方案的目的可能如下陳述：

1. 個案管理方案：指導家暴受害婦女學習基本的家庭管理技能，並利用社區資源幫助她們實現穩定的積極生活方式。
2. 個別與團體諮商方案：幫助參與者追溯其形成家庭關係態度的早年歷程，並學習努力建立積極與建設性的關係。
3. 職業訓練與就業安置方案：協助參與者找到職涯路徑、參與且完成必要的訓練課程，並爭取開始就業的機會。

這些方案目的有助於邁向實現組織宗旨，也讓我們體會到組織宗旨蘊含遠大的抱負，但在多數情況下不可能完全實現。

 ## 構建方案目標與方案活動

方案目標有兩種：成果目標（outcome objectives）與輸出目標（output objectives）。

· 方案的成果目標確立並界定了方案預期結果。方案成果目標具體說明方案的終點或期望（Brody & Nair, 2014; Coley & Scheinberg,

2017; Poertner, 2000）。

·方案的輸出目標確立並界定了要提供的服務或產品數量（以「服務單位量」衡量），以及應完成所有指定服務之參與者、案主或病患的人數（以「服務完成量」衡量）。

方案活動確立為了實現輸出目標與成果目標所需的行動。完成方案活動則可實現輸出目標，進而實現成果目標。這種取向應用了邏輯模式，如**圖7-3**與**圖7-4**所示。

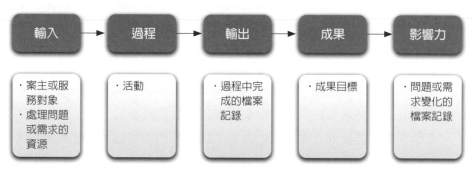

圖7-3　將邏輯模式應用於方案活動與目標

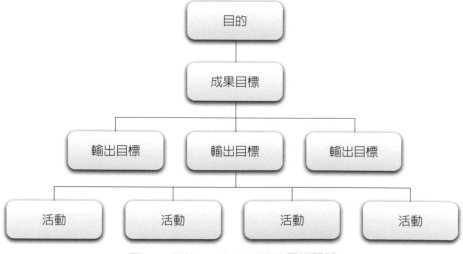

圖7-4　目的、目標及活動的層級關係

方案成果目標的要求

所有的方案成果目標都有相似的要求。它們必須清晰且包含五項元素（改變標的、結果、時程、測量及責任歸屬）。以下提問有助於確認成果目標是否具備清晰性與五項元素：

- 清晰性（clarity）：方案的成果目標是否清楚明確？每個人對它的理解都一致嗎？
- 改變標的（target of change）：方案成果目標是否確立了具體的標的人口群？
- 結果（results）：方案成果目標是否明確指出欲達成的結果（服務對象生活品質的預期改善）？
- 時程（time frame）：方案成果目標是否明確指出完成的期限？
- 測量標準（measurement）：方案成果目標能否被測量？是否包含數值形式的達成標準？
- 責任歸屬（responsibility）：方案成果目標是否明確指出由誰負起達成目標的責任？

表7-3示範幾個方案目的與方案成果目標的例子。雖然成果目標出現在邏輯模式的末段，但通常會先把它們建立起來。

清晰性

方案成果目標有一項要點：任何人讀起來都應該能理解。由於形容詞（如：健康的、有益的）通常有很大的解讀彈性，應盡量減少甚至完全不用。相對地，陳述應主要由動詞與名詞組成。Brody與Nair（2014）建議使用動作動詞（action verbs）來描述可觀察的條件變化，例如減少、改進、加強、提高。

表7.3 方案目的與方案成果目標之範例

方案	方案目的	方案成果目標
家庭暴力庇護	1.減少米德郡的家暴事件。 2.針對曾經遭受家暴的米德郡原住民婦女發展外展服務。	1.在2023/6/30之前讓米德郡回到家庭暴力庇護中心的婦女數量減少20%，以郡健康部門的記錄為測量依據（負責人：家庭暴力方案專員）。 2.在2023/6/30之前，遠離施暴者並確保居家安全的原住民婦女人數增加25%，以印第安健康服務的報告為測量依據（負責人：家庭暴力方案專員）。
家庭服務	提高米德郡重返原生家庭之非裔美籍兒童的家庭優勢與穩定性。	在2023/6/30之前，米德郡重返原生家庭之非裔美籍兒童的家庭優勢與穩定性至少提高50%，以個案工作人員的記錄為測量依據（負責人：個案工作管理員）。
藥物與酒精濫用諮商	減少米德郡吸食甲基安非他命的事件。	在2023/6/30之前，米德郡15至18歲青少年因吸食甲基安非他命而被捕的案件量減少50%，以米德郡警局的記錄為測量依據（負責人：方案主管）。

改變標的

方案成果目標應該具體指定要改變的標的人口群，例如：

· 30名遭受身體或情緒暴力的受害婦女。

· 75戶低收入家庭。

· 20名因虐待或疏忽子女而使子女被帶離家另行安置的父母。

結果

結果是方案成果目標的達成（服務對象在完成方案後預期的正向改變），例如：

· 20名遭受身體或情緒暴力的的受害婦女，其通報的受暴事件減少75%以上。

- 75戶低收入家庭表示他們已擁有一份收入，得以滿足其預算所設定的基本需求。
- 15名因虐待或疏忽子女而使子女被帶離家另行安置的父母，經判定（由米德郡人群服務部門判定）已有能力讓孩子重返家中。

　　方案規劃對於結果（成果）要給出多少承諾，需要三思。有時，方案規劃者可能認為承諾愈多結果，就愈可能爭取到資金，但這種策略多半會造成反效果。資助方通常能夠辨別哪些結果不現實、哪些方案承諾過高。就算方案因此獲得資金，最後很容易陷入無法收拾的窘境。

時程

　　時程是方案成果目標預計達成的具體日期。美國聯合勸募協會（United Way of America, 1996）描述了三種層次的成果：初步成果（initial outcomes）、中間成果（intermediate outcomes），以及長期成果（longer term outcomes）。初步成果目標是方案參與者在知識、態度、技能方面的初步改變；中期成果關注新的知識、態度及技能所帶來的行為改變；長期成果目標則關注最終的結果。

　　方案第一年的重點可能是初步成果，或許還可包含中期成果，取決於問題、需求以及方案的性質。長期成果則需要多年的努力。時程應盡量用具體日期表示，包括月份、日期和年份。一年期的時程通常用以下方式表述：

- 在2023/6/30之前（須指明哪一年，也就是方案開始後的一年）。
- 在第一年結束之前（如果還不知道方案開始日期）。

　　考慮到大多數服務方案預期成果的複雜性，可能需要橫跨多個年度的計畫。設定多年的成果目標時，時程可以表述如下：

- 在2025/9/30之前（已知方案開始日期和結束日期時）。

．在第三年結束之前（開始和結束日期皆未知時）。

成果目標最好寫出明確日期，以便後續監測進度之用。萬一還不確定方案何時開始，時程寫法可能需要多一點彈性。

測量標準

有句英文諺語說：「可以衡量的事就可以順利完成（what gets measured, gets done）。」方案成果目標必須可測量，要是不可測量，就無法進行監測與評估。不能測量就像辦體育賽事卻不記錄得分一樣。這裏的重點是：規劃階段不僅要確定方案預期的成果目標，還要確定績效達標的測量準則，例如：

．以兒童受虐中央登記中心的記錄爲測量依據，第一區的兒童受虐事件發生率將可降低15%。
．以Straus衝突策略量表（Straus Conflict Tactic Scale; Staus, 1990）爲測量依據，服務對象對潛在施虐者顯現出來的警訊能夠提高警覺。
．以Hudson自尊量表（Hudson Self-Esteem Scale; Hudson, 1982）爲測量依據，將可提升服務對象的自尊。

爲確保方案成果目標可被測量，要保持習慣確認該陳述包含著類似「以……爲測量依據」的語句。

責任歸屬

確定實現成果目標的責任歸屬是必要的。負責方應該被精簡地指明，例如「負責人：方案主管」。

方案成果目標不但需要一個具體的完成日期，也需要有負責監測的

人（以姓名或職稱指定）。如果沒有指定某人負責追蹤進度並監督截止日期，許多精心策劃的方案可能會遭到疏漏而失敗。被指定的人通常是負責做好管理，不一定是負責執行所有方案細節。

表**7-4**示範一項包含所有五元素的方案成果目標。請注意清晰性未被單獨列出，因為它是所有五元素的基本要求。

表7-4　成果目標的範例

改變標的	羅斯福學區內100名參與方案的高風險學生
結果	其中50%能夠畢業
時程	20XX年6月30日前
測量標準	學校之文件記錄
責任歸屬	中輟預防方案督導

方案輸出目標

一旦有了明確的方案成果目標，就可接著設定輸出目標。輸出目標有兩類：(1)服務單位量（units of service）；(2)服務完成量（service completions）。

· 服務單位量是服務或產品提供數量的測量結果。
· 服務完成量是有多少參與者、案主或病患完成整套服務的測量結果。

用「服務單位量」設定的輸出目標包含三項元素：(1)測量標準（產品或服務的提供數量）；(2)時程（服務單位量的提供期限）；(3)責任歸屬（執行與監測的負責方）。例如：

· 在2023/6/30之前提供100小時的諮商服務，以方案記錄為測量依據（負責人：諮商方案主管）。

· 在接下來的90天內提供300次諮詢暨轉介服務（I&R），以I&R追蹤記錄為測量依據（負責人：I&R專員）。

· 在三月份期間進行20天的青少年基本求職技能訓練，以方案記錄為證（負責人：工作訓練方案主管）。

用「服務完成人數」設定的輸出目標同樣包含三項元素：(1)測量標準（完成整套服務的參與者、案主或病患人數）；(2)時程（方案活動最晚完成日期）；(3)責任歸屬（執行與監測的負責方）。舉例如下：

· 在2023/6/30之前，將有25名諮商方案的參與者完成所有服務，以機構記錄為準（負責人：諮商方案主管）。

· 在2023/6/30之前，將有150名接受I&R服務的人獲得成功轉介，以I&R追蹤記錄為測量依據（負責人：I&R專員）。

· 在2023/12/31之前，將有50名青少年完成基本求職技能訓練，以方案記錄為測量依據（負責人：工作訓練方案主管）。

📅 方案活動

方案活動是實現輸出與成果目標的樞紐。既然方案規劃是為了在明確時程內實現成果目標與輸出目標，就必須執行特定的方案活動。在確立方案活動前要先回答的問題是：「為了實現方案的輸出與成果目標，需要履行哪些過程？什麼時候完成？」

方案活動也有三項元素：測量標準、時程及責任歸屬。

測量標準：意指某種量化測量，用以確定方案完成的情況。有時，方案活動的完成顯而易見（例如：招聘一位方案人員。要麼此人已被列入支薪名冊，要麼沒有）。但有時方案活動的完成並不容易辨識。例如若一項方案活動要「開發訓練方案」，那麼「開發」與「訓練方案」可以有很多涵意。對某人來說，「訓練方案」可能只是一頁的大綱，涵蓋基本的主

題即可。對另一人來說，訓練方案可能要包含完整的課程大綱、工作手冊、視聽輔助教材、評估表等等。同樣地，「開發」可能是籌備方案的人自認完成即可，也可能指合同中的所有內容已獲得訓練主管的批准。

　　時程：完成方案活動的最後時限。

　　責任歸屬：執行與監測的責任方。

　　以下以職業訓練方案爲例，示範爲了實現輸出或成果目標的幾項可能活動：

- ‧在2023/10/1前開發完成主管批准的職業訓練課程（負責人：機構主管）。
- ‧在2023/12/1前招募25名職業訓練方案的參與者，以機構記錄爲證（負責人：方案主管）。
- ‧職業訓練方案將於2023/1/1開始運作（負責人：方案主管）。
- ‧在2023/1/1至2023/3/1期間每月提供10小時的職業訓練，以培訓部門之方案記錄爲準（負責人：方案主管）。
- ‧在2023/3/1前，至少有15名參與者成功完成職業訓練課程，以通過最終考試（答對75％以上）爲測量依據（負責人：機構評估人員）。
- ‧在2023/7/1前，至少有10名參與者獲得未經補貼的就業機會，以雇主的電子郵件爲確認依據（負責人：機構主管）。

Safe Haven之機構案例

　　我們這裏再用Safe Haven的方案來說明成果目標與活動之間的關係。本書以下使用的編碼方式僅供參考，不同編碼方式各有優缺點，實際操作時可採用任何一套編碼系統，只要各項目的、目標、活動的編碼能清楚顯示彼此的關係即可。以這裏的編碼爲例，方案活動編碼**1.1.1**代表此目標與目的**1**有關，同時與最終成果目標1.0、中間成果目標1.1有關。

在此也請讀者注意，在範例的中間成果目標中，目標人數介於75%至90%之間，相當於30位服務對象中的22至27位，這樣可避免對方案懷抱100%成功的不現實預期，同時讓目標在現實上更可能達成。如果曾有研究證實過特定的成功率，那麼制定目標時就應把這個數字納入考慮。

現在，我們假定以下方案已得到經費支持，將從2023年7月1日開始執行。

方案成果目標（最終成果）

1.0　到了 2025年6月30日（從方案開始後至少2年），至少75%的方案參與者將不再遭遇家庭暴力事件，以米德郡警局的記錄為測量依據（負責人：方案主管）

方案成果目標（中間成果）

1.1　到了2025年4月1日（在最終成果期限之前），至少80%的方案參與者自尊分數至少提高25%，以Hudson自尊量表作為測量依據（由諮商員負責執行與監測）。

1.2　到了2025年5月31日（在最終成果期限之前），參加方案的婦女中，至少85%的人已獲得有利於獨立生活的社區資源（住所、托兒服務及其他個別復健計畫中所提及的資源），以I&R方案記錄為測量依據（負責人：個案管理者）。

1.3　到了2024年3月15日（方案第一年期間），參加方案的婦女中，至少90%的人已掌握管理財務所需的知識和技能，此以Martin財務管理技能評估表為測量依據（負責人：方案主管）。

1.4　到了2024年12月31日（方案第二年期間），參加方案的婦女中，至少85%的人將掌握就業技能，以獲頒結業證書為依據（負責人：方案主管）。

中間成果目標1.1所包含的方案活動可能如下所示。

方案活動

1.1.1 在2023年8月1日前，招募至少30名家暴受害者參加方案（負責人：方案主管）。

1.1.2 在2023年9月1日前，每週開始至少提供一次個別諮商和一次團體諮商，以機構記錄為測量依據（負責人：個案管理督導）。

1.1.3 在2023年11月1日前，為每位案主準備一份個別復健計畫（負責人：個案管理督導）。

 # 這些努力值得嗎？

當上述所有要素都已建立並整理成完整書面文件後，計畫就可以付諸執行。對這種「目標管理」（management-by-objectives; 簡稱MBO）策略的主要批評是非常耗時。這是合理的批評，然而，對於由美國政府和聯合勸募協會資助的方案來說，績效測量現在已成為必要而非選擇。

成效導向的方案規劃提供了設計與實施方案的概念性工具，讓服務在持續檢驗假設的實驗中，不斷往前邁進。此外，它用明確的語言詳述服務工作者的活動，是一種主動出擊以求成功實現方案的做法。因此，儘管這套規劃系統一開始就需要投注不少心力與資源，但由各種好處看來，這些投資是值得的。

總結摘述

　　方案假設是（或應該是）每套方案的基礎。方案假設回答了以下問題：導致標的人口群遭遇問題的原因是什麼？根據迄今最佳的證據，可以採取哪些最可能成功的措施來解決問題？這些提問的答案接著被轉化成包含方案目的、方案成果目標、方案輸出目標及方案活動的計畫。

　　方案成果目標在計畫中占有核心地位，它們以明確且可測量的語彙，陳述方案服務對標的人口群預期造成的變化。方案輸出目標用可測量的語彙詳述應提供的產品或服務數量，以及預計完成方案的參與者、案主或病患人數。然後，方案活動以具體的語言列出實施計畫，其中包含了截止日期和責任歸屬。毫無疑問，根據這些方針來制定計畫既困難又耗時，甚至可能壓縮到服務提供的時程。但是，考慮到不這樣做就會反覆做相同的事，卻無法知道這是不是真正需要的服務，也無法證明方案是否成功，那麼投入這些心力顯然是值得的。幸好隨著經驗累積，一旦掌握了基本技能，人們在構思和書寫目的、目標和活動就會更加熟練，可以更快速地開發方案。

討論案例

　　青年市教育服務機構（Youngtown Educational Services Inc., 簡稱YES) 是一所非營利組織，成立超過四十年。該組織的宗旨是提高當地高中的畢業率，並增加繼續上大學的畢業生人數。這所機構由當地高中與商會共同發起，並得到當地服務團體、市民及學校的強力支持。YES提供三套方案：(1)課業輔導；(2)課餘打工機會；(3)繼續升學的獎學金。YES 的主要資金來源是美國教育部。多年來，美國教育部的資助逐漸增加，目前已占YES年度執行預算近40%。

　　三個月前，YES收到通知，教育部要求所有受補助機構在未來的報告中證明其方案服務包含當地少數族裔。在此之前，YES並未追蹤統計案主的族群背景。為了維持教育部的資助，YES 理監事會決定進行一些重大改變，以確定和追蹤方案所服務的標的人口群。

問題與討論（依上述案例回答）

1. 為確保服務包含當地的少數族裔，您會如何重新擬定YES的宗旨？

2. 如果YES現行的服務忽略了占16%之拉丁裔學生的特殊需求，請您重新以「若─則」陳述形式來思考有那些因素可以形成方案假設的基礎，以滿足這群學生的需求？

3. 撰寫一則目的陳述，作為引導服務方向的標的，同時滿足美國教育部的要求。

4. 撰寫一項強調滿足拉丁裔學生教育需求的成果目標。

參考文獻

Brody, R., & Nair, M. (2014). *Effectively managing human service organizations* (4th ed.). SAGE.

Coley, S., & Scheinberg, C. (2017). *Proposal writing: Effective grantsmanship for funding* (5th ed.). SAGE.

Hudson, W. (1982). *Measurement Package for Clinical Workers*, Sage pub.com,

Lewis, J., Packard, T., & Lewis, M. (2014). *Management of human service programs* (4th ed.). Brooks/Cole.

Martin, L., & Kettner, P. (2010). Measuring the performance of human service programs (2nd ed.). SAGE.

Poertner, J. (2000). Managing for service outcomes: The critical role of information. In R. Patti (Ed.), *The handbook of social welfare management* (pp. 267–281). SAGE.

Straus, M. (1990). Measuring intrafamily conflict and violence: The conflict tactic (CT) scales. In M. A. Straus & R. J. Gelles (Eds.), *Physical violence in American families: Risk factors and adaptations to violence in 8,145 families* (pp. 29–47). Transaction.

United Way of America. (1996). *Measuring program outcomes: A practical approach* (4th ed.). Author.

RELATIONSHIP

SERVICE

HE

QUALITY

SUPPORT

SOLUTION

ASSISTANCE

GUIDE

Chapter **8**

設計有效的方案

本章綱要

本章目的是說明：

- · 將方案拆解為各項元素的理由。
- · 需要對每項構成元素予以精確界定。
- · 以邏輯模式作為方案設計架構的方式。
- · 方案假設與方案目標如何跟方案設計的構成元素相互搭配。

本章涵蓋的主題包括：

- · 方案設計的重要性
- · 方案設計與多元族群
- · 界定方案元素
  輸入
  運作過程
  輸出
  成果
- · 明定服務方案假設
- · 總結摘述
- · 討論案例
- · 問題與討論

 # 方案設計的重要性

　　「方案設計」一詞的意思是確認並界定服務所需的各項元素。在這個階段，方案規劃者會非常具體地思考案主有哪些類型、存在哪些問題或需求、他們將接受到什麼類型的服務，以及預期多少服務量、有什麼服務結果。這種設計觀點背後有人群服務的歷史發展背景。

　　多年來，許多方案規劃者以為方案設計不過是一些理所當然的待辦

事項，包括僱用幾名個案工作者、分派案主、指示工作者根據方案要求去提供指定的服務，然後服務決策多半交給個別工作者酌情處理。雖然這種方法在設計上很單純，而且讓實務有最大的靈活性，卻無法處理某些關鍵問題，包括服務的相關性、責信及成效測量，也無法充分利用學術知識或實務經驗。現在，讓我們對比兩套針對獨居老人設計的服務方案，來探討這些議題。

方案設計案例

方案A

方案A有五位個案工作人員，每位負責三十名老年個案，且自行決定與個案會面的頻率。會面時，工作者會確定案主的需求，並從社區找出滿足這些需求的資源。每次會談後，個案工作者會在個案記錄中以敘事的方式記載服務活動。當某案主完成方案A，個案工作者會撰寫一份報告，敘述為何案主已離開方案，以及案主結案時的進展與狀態。

方案B

方案B的結構大不相同，它有一位負責接案和篩選個案的社工、兩位個案管理者、一位膳食調配員、一位交通調度員，以及一位社交休閒活動專員。方案B的工作人員會從社區確認高風險的獨居老人，載送他們到老人服務中心，並用量表篩選與評量需求，然後制定個案服務計畫，盡可能滿足其需求，其中至少包括每日午餐和去老人中心的交通接送服務。

在完成方案B後，個案管理者會實施營養、社會疏離、活動力的後測，並在案主同意下進行為期六個月的追蹤評估。個案管理者的個案記錄內容包括各項測驗分數與各項障礙因素，並對每位案主接受的服務項目分別編碼。個案管理者會把這些記錄輸入電腦，資料經過彙整可顯示案主每月的參與和改善情形。

這兩種設計會產生什麼差異？答案取決於方案的意圖和是否需要測量成效。方案A能在個案工作者與案主之間形成更強韌且緊密的關係；方案B則在成效與責信方面更具優勢。方案B的設計基於一項假設：阻礙獨居老人全程參與服務的障礙因素包括交通、休閒及社交機會（包括聚餐）。定期分析資料讓方案B的工作人員能檢驗這項假設是否正確，並進行必要的調整以提高成效。

兩方案的主要差別是精確性、具體性及細節。方案A的個案工作者可能也會發現社交、休閒和聚餐是讓獨居老人免於社會疏離的重要因素，但每位個案工作者必須靠自己找出這些因素，再靠自己為此做出行動決策。方案B則靠「問題分析」的程序發現這些因素，從而設定「目的與目標」，以確立服務方向。我們接下來將說明規劃者如何根據成效導向的方案規劃原則，從目的與目標轉接到方案設計。

 ## 方案設計與多元族群

現在有大量的研究和學術文獻依據不同種族、性別、社經地位、性傾向等變項，提出特殊化的介入措施。在此僅舉其中一例。《多元文化實務讀本》（*Readings in Multicultural Practice*, Gamst et al., 2008）囊括了拉丁裔、非裔美籍、印地安人、亞裔美籍、老人、生理性別、同性戀與雙性戀、貧窮者、身心障礙者等對象。一體適用的方案設計顯然不再可行，目前以人口為基礎的研究結果很少再聲稱普世通用，但其中有些概念和架構可以納入方案設計一開始的概括性原則。

Calley（2011）曾指出，美國現今方案設計的特殊族群敏感度已有提升，其背後有六股強大的推動力：

1.投身多元文化主義且兼具廣度與深度的專業協會數量增加。她列舉了美國諮商協會的四個部門和美國心理協會的五個部門，每一部門都鎖定特定的族群。此外，許多專業組織的倫理守則也包含對工作

人員文化能力（cultural competence）的期望。

2.文化能力方面的學術研究不斷增加。她舉了《多元文化諮商與發展期刊》（*Journal of Multicultural Counseling and Development*）和《女同、男同、雙性與跨性議題期刊》（*Journal of Lesbian, Gay, Bisexual, and Transgendered Issues*）等刊物為例。

3.文化能力成為心理衛生領域學術培育項目的核心部分。她舉了一些認證標準為例。

4.聯邦政府制定文化能力的全國標準。她引述了美國衛生與人群服務部少數族群健康局制訂的「文化與語言適切性之國家標準」（CLAS）。

5.在心理衛生與人群服務方案中納入與文化能力相關的認證標準。她引述了認證標準會議要求以優勢觀點的文化回應方式做評估。

6.在資助開發新方案時，要求資助計畫要協助提高執行方的文化能力。她引述了老年行政局規定須對少數族裔老人組織提供技術協助（頁106-115）。

實務工作者勢必會受到上述因素的影響。更重要的是，這些因素反映出專業人員在方案設計上提升的文化能力，以提供更貼切與更有效的服務。

 ## 界定方案元素

為了精確理解某一現象，常會將它拆解成一些基本元素（elements）[1]。我們可依循邏輯模式的五個階段，分別拆解並界定每階段

---

[1] 譯註：建議讀者先釐清「部件」（components）、「元素」（elements）及「變項」（variables）三詞在本章的用法，以免產生混淆。簡單說，一套方案設計依照邏輯模式可拆成五個「部件」（輸入、過程、輸出、成果、影響力），每個部件又可分別拆解成多項「元素」（如輸入可拆解成案主、工作人員，以及各項物力資源

的方案構成元素：

- ·輸入：資源（工作人員、經費等）與原料（案主或服務對象）。
- ·過程：利用輸入資源而讓原料達到轉變目標的活動。
- ·輸出：服務提供量與所有指定服務完成量的測量。
- ·成果：接受服務者所展現的效益。
- ·影響力：組織、社區或系統因服務產生之可測量的改變。

　　每一項元素都必須以量化的方式界定，以便輸入電腦程式。這套程式的設計原則是「每項目只鍵入一次並重複利用，以後每次再視需要將項目組合起來測量績效與成效」。

輸入

　　方案輸入代表機構的資源與原料，共有五項元素：(1)案主或消費者；(2)工作人員；(3)物資；(4)設施；(5)器材設備。人群服務體系的原料即是案主，其他四元素則是後續用於執行活動的資源，這些活動要協助案主從「有問題且有需求的人」轉變為「有能力解決問題且滿足需求的人」。

　　五項元素都需要進一步加以界定，**表8-1**示範了這個步驟。切記：一旦某項元素被界定下來，它在未來某個時間點就會變成資料蒐集的依據，用於監測、績效測量及評估。所以界定每項元素的方式最好符合往後分析與報告的用途，這樣會比較實用。想想看：把案主的背景變項拆解成年齡、種族、收入，這對後續分析這些服務群體有什麼用途？要知道每位案主在這些變項上各不相同，而這些差異與其他現象的關連性正是我們評估

等元素），每項元素最後又須由「變項」加以界定（如案主可由服務資格、各種人口統計學變項、社會生活史因素……等變項來界定）。然而「變項」一詞的用途較廣，已被清楚界定並可成為一個資料點的元素亦稱為變項。

表8-1　方案輸入的相關變項

變項類型	範例	目的	需考量的問題類型
與「案主」相關的變項			
資格（獲得服務之條件）	年齡、住所、收入。	確認接受服務者符合方案設定資格。	我們如何確定所有接受服務的對象皆符合方案設定的資格？
人口統計學或其他描述性變項	種族、性別、收入、教育程度、就業狀況、普查區域。	記錄可能有用的服務人口群資訊，確認服務之標的人口群，以及指出可能與方案成敗有關的案主特徵。	哪些人口統計變項可能影響遭遇的問題類型？哪些特徵與處理案主問題的成敗有關？
社會生活史因素	原生家庭、精神疾病史、暴力等任何與服務有關的個人記錄。	確認哪些因素可用來評估案主屬於方案有效或無效對象。	哪些社會生活史變項與案主問題及因應能力有關？
案主問題與優勢剖析	親職技能、財務管理技能、酗酒或藥物濫用。	確認介入的重點範疇；變項應分別以問題特徵與優勢特徵列出。	哪些問題或優勢與案主的服務成果最有關連？
人口統計學或其他描述性變項	性別、種族、教育程度、工作經驗。	確認哪一類工作人員對哪一類案主或問題最能發揮成效。	哪些特殊的工作人員人口統計學變項與某類案主的成效最有關連？
認證或執照	執照、證照、學歷。	必要時確認符合認證或執照的要求。	所有工作人員都符合職務說明上的要求嗎？
與「物力資源」相關的變項			
物資	直接提供給案主的食物、衣服、玩具、現金。	確定何種資源可使案主改變或改善。	哪些資源有助於改善生活品質？哪些資源無法產生作用？
設施	用以安置案主的住所、提供服務處遇的辦公場所。	瞭解並比較特定設施（例如特定的住院治療環境）對案主改善情況的影響。	接近社區資源對於達成案主的目標有影響嗎？兒童在寄養家庭還是團體家屋中表現較優？
器材設備	直接用於服務案主的汽車、電腦、醫療等設備。	瞭解直接服務使用的設備對協助過程的影響（此處不是指工作人員所使用的設備，而是案主直接使用的設備）。	大眾運輸工具的票券有助於案主工作或利用社區資源嗎？

與研究分析的重點。例如我們會想瞭解案主的種族、年齡、性別、婚姻狀況、子女數等因素，跟所遭遇的問題類型有關連嗎？在工作人員的相關變項方面，我們也會想瞭解經驗豐富或高學歷的工作人員是否更能協助案主解決問題？這些都是明確界定元素之後可能會有提問。**表8-1**可作為界定方案構成元素的指引，也可藉以瞭解每項元素內涵的不同。但是，並非每套方案都會用到表列的全部元素。

　　以下每小節末都會用一幅圖展示方案元素與邏輯模式特定階段的對應關係。**圖8-1**是其中第一幅圖，描述方案輸入階段的相關元素。

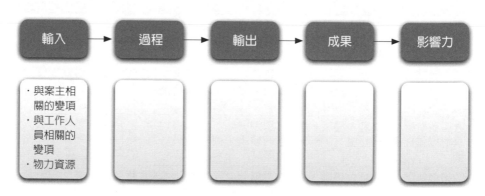

圖8-1　將邏輯模式應用於方案輸入

運作過程

　　「運作過程」（throughputs）是方案執行的各項程序。服務過程中會利用資源，包括工作人員、物資、設施、器材設備，來幫助案主完成服務過程（輸出），並希望能解決他們的問題（成果）。

　　社會服務方案中的運作過程通常涉及諮商輔導、就業訓練、提供日間托育、收容安養照顧、庇護所、食物分送、洽詢與轉介、復健或支持性活動等方法。為了讓運作過程有更為統一的形式，也為了納入可能的測量，就要確認並界定運作過程的資料元素，其中包括：服務定義、服務工

作項目、介入方法。

服務定義

「服務定義」（service definition）通常是簡短的一兩句話，用來界定以後要提供的服務。它的作用是將服務活動從一個大範圍縮小成一個特定重點。例如廣義的「藥物濫用處遇」可能包括戒除毒癮、住院或門診治療、個案與團體或家庭諮商、就業訓練與安置、追蹤支持服務等。若用「藥物濫用處遇方案」描述此類服務就過於籠統，使人難以掌握方案到底想實現什麼。明確的描述如「此服務是針對18歲以上之古柯鹼成癮者，提供門診戒毒」，才能讓我們清楚瞭解方案是設計來服務誰，以及要提供什麼服務。

全美聯合勸募協會1976年編制了《UWASIS II：社會目的與人群服務方案之分類》（*UWASIS II: A Taxonomy of Social Goals and Human Service Programs*），裏頭羅列230多項服務名稱及其定義。雖然這本書已出版四十餘年，仍然可以在網路上找到。它可引導規劃者訂定具體的服務定義，確保對服務有精準的描述。例如UWASIS對職前輔導（pre-job guidance）這項服務的定義是「一種方案，其設計目的是協助有需求的個人習得一些基本方法，以獲取符合其特定技能與才幹的工作職業」（頁208）。另一套服務定義列表是《亞利桑那州2010財政年度人群服務詞典與分類法》（Arizona Department of Economic Security, 2010），其中有許多範例有助於澄清服務定義的撰寫方式，如：

· 收養安置（adoption placement）的定義：孩童的家庭與安置選擇，以及相關督導工作，直到孩童完成收養。
· 庇護服務（shelter services）的定義：以24小時為基礎，在一個安全的環境中提供臨時性的照護服務。
· 個案管理（case management）的定義：經判定有需求且符合服務資格的個人，與一專業人員共同確認需求、計劃服務、獲得服

務、蒐集服務過程資料、監測與評估服務、結束服務,且在必要時持續追蹤的過程。

服務定義應由熟悉該服務且經驗豐富的工作人員來編寫,並在定案前徵詢其他工作人員的意見與評論。

服務工作項目

「服務工作項目」(service tasks)協助我們確立服務過程的各項活動。想想看:如果一套服務方案想培訓單親媽媽的求職技能,進而提高獨立性與自給自足的能力,那麼整套服務該由哪些工作項目組成?整套服務可能包括篩選評量、教導如何撰寫和準備履歷、面試技巧、工作習慣、就業訓練、工作安置以及追蹤輔導等工作項目。Payne(1997)從社會工作服務過程中統整出八大階段,每階段都有相應的活動或任務。例如,第一個階段「問題評量」包括陳述問題、分析系統、設定目的、設定策略,以及將變革穩定下來等工作項目。為了確保案主的服務可相互參照比較,必然要費點心思確認與界定服務工作項目。服務工作項目通常會按照時間順序,逐一安排給案主。

服務工作項目流程圖

繪製流程圖(flowchart)是相當有用的技術,它可以具體化與記錄整個服務輸送過程。流程圖能清楚顯示每個工作項目、要做的決定、要完成的表格,並說明進到下一步驟前必須完成的工作。假如服務人員與督導都持有一份服務輸送流程圖,不僅能指引方案執行,還能確保各工作人員之間保持統一的做法。

圖8-2描繪了Safe Haven庇護中心為案主提供服務的流程圖。

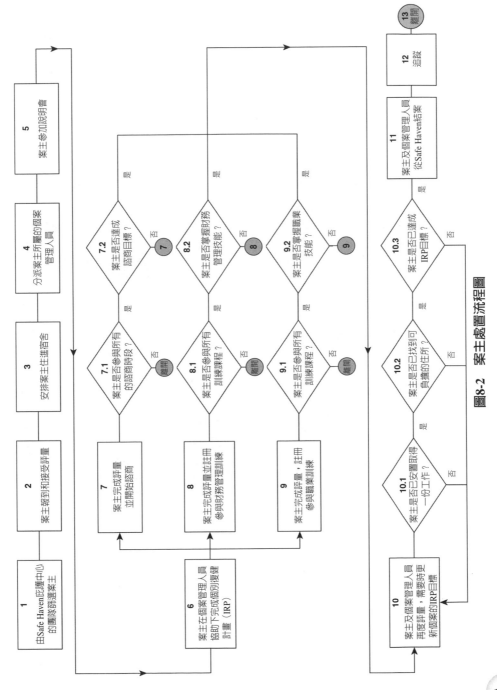

圖8-2 案主處置流程圖

　　以這種方式確立工作項目，加上精確的定義，即可讓專業人員的服務更加統一。這種功能很類似醫療和兒童保護等領域的標準作業程序（protocol）。若要開發一套服務的標準作業程序，可先繪製案主們的服務流程圖，再加上一份說明表格，以解釋流程圖各階段的活動，同時說明每階段要附上哪些證明文件。**表8-2**即為**圖8-2**的說明表。

表8-2　案主處置流程圖的說明表

流程編碼	標題	流程	文件
1	由Safe Haven庇護中心的團隊篩選案主	安排案主與團隊面談，團隊判定案主是否符合資格並選出服務對象。	篩選表格。
2	案主報到和接受評量	案主與接案工作人員面談，填寫接案表格，完成評量。	接案表格。 社會生活史記錄表。 優勢與需求剖析。
3	安排案主住進宿舍	分配宿舍，參觀設施。	住宿分配表。 住戶規定表。
4	分派案主所屬的個案管理人員	個案管理人員面談案主。	個案記錄表。 個案服務筆記。
5	案主參加說明會	案主參與排定的說明會。	個案說明會記錄。 前測與後測量表。
6	案主在個案管理人員協助下完成個別復健計畫（IRP）	個案管理人員與案主面談，協助其建立計畫以滿足個人與方案目標。	IRP表格。
7	案主完成評量並開始諮商	案主與諮商師面談，安排個別與團體諮商時段；完成初期評量並設定諮商目標。	個案記錄表。 諮商計畫。 個案服務筆記。
7.1	案主是否參與所有的諮商時段？	諮商師記錄案主出席率，並評估參與品質；無法參與者可引導其退出方案。	出席表。 個案服務筆記。
7.2	案主是否達成諮商目標？	依據諮商計畫的目標評估案主的進展狀況；諮商持續進行直到達成目標為止；必要時再度評量。	出席表。 個案記錄表。 個案服務筆記。
8	案主完成評量並註冊參與財務管理訓練	案主完成財務管理技能評量，註冊參加下一個課程。	財務管理技能評量表。 訓練登記表。

（續）表8-2　案主處置流程圖的說明表

流程編碼	標題	流程	文件
8.1	案主是否參與所有訓練課程？	訓練者記錄出席情況，評估參與品質；無法出席者，可引導其退出方案。	出席表。 訓練者評估表。
8.2	案主是否掌握財務管理技能？	用測驗測量案主是否掌握技能。案主通過所有課程後可取得結業證書；必要時再度評量。	進度記錄表。
9	案主完成評量，註冊參與職業訓練	案主與職業諮商員面談以評量工作技能，進行轉介訓練；案主與訓練師面談。	工作技能評量表。 訓練登記表。
9.1	案主是否參與所有訓練課程？	訓練者記錄出席情況，評估參與品質；無法出席者，可引導其退出方案。	出席表。 訓練師評估表。
9.2	案主是否掌握職業技能？	用測驗測量案主是否掌握技能。案主通過所有課程後可取得結業證書。必要時再度評量。	進度記錄表。
10	案主及個案管理人員再度評量，需要時更新個案的IRP目標	完成IRP所有活動後，案主及個案管理人員評量方案成就，若認為案主已準備好，可預備結案。	個別復健計畫（IRP）。 個案服務筆記。 個案記錄表。
10.1	案主是否已安置取得一份工作？	案主與就業諮商員面談，確認可尋找的工作職缺，探索可能職缺是否與訓練內容匹配，直到找到工作。	就業安置轉介表。
10.2	案主是否已找到可負擔的住所？	案主與居住安置諮商員面談，確認可獲得的住所類型，直到找到住所。	居住安置轉介表。
10.3	案主是否已達成IRP目標？	案主與個案管理人員回顧IRP目標，並評量達成程度。	IRP評量表。 優勢與需求剖析。 個案記錄表。
11	案主及個案管理人員從Safe Haven結案	案主與個案管理人員評量案主是否已可在社區獨立生活，若需要追蹤聯繫則制定計畫。	Safe Haven結案表。 個案記錄表。 個案服務筆記。
12	追蹤	個案管理人員在約定時間以電話聯繫，或依計畫設定的其他方式追蹤聯繫。	個案記錄表。
13	離開	在雙方同意下終止追蹤聯繫。	服務結案表。 個案服務筆記。 個案記錄表。

確認及列出工作項目或許在一開始會有點枯燥，但它可以幫助我們更清楚誰要與案主做些什麼？出於什麼目的？在什麼條件下進行？工作項目不只回應了責信的要求，也讓我們得以持續評估成效。當我們發現某種處遇方式有效，就應該重複使用；若無效，可以在流程圖中標記下來並找出問題所在，然後根據需要調整處遇方式。

介入方法

運作過程的第三項元素為「介入方法」（method of intervention）。在確定介入方法時，方案規劃者須指定服務輸送的方式。例如老人餐飲服務可在同一地點集中供餐，也可分送至家中；職業訓練可以在教室進行，也可以在實際工作場所實施；諮商服務則有個別、團體或以家庭為對象的不同型式。Payne（1997）描述了社工在幫助人們轉變時可能扮演的三種角色（頁148）：

1. 使能者（例如強化案主的動機、肯定及支持案主、協助管理情緒）。
2. 教導者（例如協助案主學習問題解決技能、澄清感受、提供適當資訊、提供行為楷模）。
3. 促成者（例如在不合理的限制下維護案主行動自由，確定工作項目、調動環境中的支持資源）。

弄清楚這三種角色，可以讓工作者更順暢地運作助人歷程。這能在某個程度上統一不同案主的服務過程，而不再將介入方法留給個人主觀抉擇與判斷。由於處遇方式要以問題理解與方案假設為基礎，於是就必須指明最佳的實務做法，以及有證據支持的處遇或服務輸送方法（如行為塑造、認知治療、危機介入等）。隨著聯邦政府在資助方案時越益重視績效而非責信，或許就申請經費的目的而言，詳細說明介入方法似乎沒有成果或結果重要（Council on Financial Assistance Reform, 2014）。然而，正因

如此，服務工作項目的規劃實際上會變得更重要。如果服務工作者沒在助人過程中做到一定的準確性，就很難複製成功經驗。**表8-3**說明運作過程的元素。

　　圖8-3描述了邏輯模式的下個階段與方案過程或是運作過程的關係。

表8-3　運作過程的元素

構成元素	範例	目的
服務定義	此方案對家庭暴力受害婦女提供諮商輔導，使她們提升自尊、自信並降低社交焦慮。	提出正式的定義，讓各界對該服務項目能有共識及同意的基礎。
服務工作項目	篩選與評量。 發展處遇計畫。 肯定並支持案主。 教導問題解決技巧。 其他。	在一定程度上，確保面對類似問題的同類案主獲得統一的服務過程；使服務能結合對該群體與問題的研究成果。
介入方法	案主將參與每週的個別諮商與團體諮商。	確保在同一方案中，同類的案主能獲得統一形式的諮商服務。

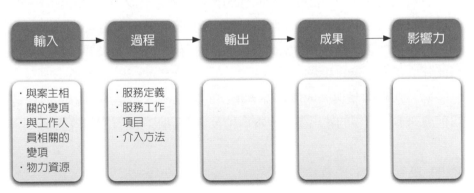

圖8-3　將邏輯模式應用於方案運作過程

輸　出

　　全美聯合勸募協會1996年將「輸出」界定為方案活動的直接產物，諸

如授課堂數、諮商時數、服務時數等。Brody（2005）則補充說輸出是測量所完成的工作量。測量輸出是爲了確認：(1)案主實際接受多少服務？(2)案主是否完成處遇或按方案設計接受了所有服務？關於服務數量的第一個問題可透過「服務單位量」來回答，而這個答案稱爲「中間輸出」（intermediate output）；關於服務完成與否的第二個問題，得先界定什麼叫做「完成」，而該答案稱爲「最終輸出」（final output）。例如，如果一項訓練方案共有十節課，服務的一個單位就是一節課。計算中間輸出需要記錄每位學員實際出席多少節課。追蹤這類數據是爲了確認那些退出或有缺課的人能否達到與全勤者相同的結果。

在這個例子中，「最終輸出」是指成功完成整套課程。參訓者因此被分爲「完成者」和「退出者」兩種人。這也代表所謂的完成需要正式的定義，要明訂參訓者錯過多少節課仍可被視爲完成者。最後經彙整算出的「最終輸出」則是該班所有參訓者的完成率（百分比）。將完成者與退出者區分開來，可讓規劃者確定培訓是否實現了方案假設和成果目標。如果退出者與完成者在培訓目標上有同樣的表現，就不能說培訓帶來改變。培訓課程比較容易界定輸出，因爲它通常有明確的開班與結束時間。而諮商、治療、長期照護等活動就比較難界定何謂「完成」，需要一些討論才可能建立正式定義的共識。

除了服務數量與完成度之外，輸出的第三個元素是服務品質，它是目前愈來愈被重視的輸出議題。本章稍後會介紹服務品質的績效測量。

服務單位量

測量「服務單位量」（units of service）的方式有三種：(1)事件或接觸單位；(2)物資單位；(3)時間單位（Martin & Kettner, 2010）。「事件」（episode）或接觸單位是工作人員和案主之間的一次接觸，相當於「人次」。當記錄案主接觸的資訊很重要，而實際接觸的持續時間並不重要時，就會使用這種計算單位。洽詢與轉介服務常採用這種單位，方法是計

算接到的洽詢次數。有些導師方案也可能使用連絡次數作為服務單位。

「物資」（material）單位是提供給案主的有形資源單位，諸如一頓餐飲、一籃糧食、一趟交通接送、衣物件數、現金或處方箋。物資單位通常是三種服務單位中最不精確的，因為個別單位之間可能差異頗大。例如兩籃糧食或兩箱衣服的份量與內容可能差異頗大，但每籃或每箱仍被算成一個服務單位。然而，某些物質單位如現金或運輸里程，其單位是精確且可比較的。

「時間」單位可用分鐘、小時、日、週或月來表示，取決於各方案的資訊需求。電話會談可以用分鐘為單位，諮商則常以一小時為計算基準，無家者的收容時間以天數計算，而住宿照護則以週或月計算。由於時間有標準單位，所以它是三種服務單位中最精確的。當用時間作為服務單位時，應載明是只包含直接服務的時間，還是也包括周邊支持活動的時間（如完成相關文書工作、出席討論案主的員工會議等）。最後，服務單位可用於多種目的，也包含確定每個服務單位的成本，因此，在界定服務單位時應格外謹慎，注意該定義是否與用途相符。

計算方案一年可以提供多少個服務單位，可以讓我們明確知道這些服務單位的使用狀況。比方說，如果某機構有五位諮商員，每人每週可會談二十位案主，一年工作48周（扣掉兩周假期與十天有薪假），那麼每位諮商員的年服務量即為960個諮商單位（48×20）。若整個方案有五位諮商員，一年即可提供4,800個諮商單位（本書之後會討論如何計算單位成本）。這種計算方式可應用於大多數的方案，只要確定有多少資源，就能算出一年可以提供多少服務單位量。

事件單位雖然不是最精確的測量方式，但它仍可讓不同方案之間具有一定程度的比較基礎。例如，日間托育通常從早上六點到下午六點，但有些孩子可能在托育中心待六小時，有些待八小時，有些甚至待十二小時。這裏為了便於測量，全都以一次日間托育的事件單位來計算。對於此處的測量用途來說，或許不值得花更多精力去細究每次托育確切的小時或分鐘數。

物資單位的精確程度可以有很大的落差。一份新生兒照護用品袋可以精確到內含一模一樣的內容：一包尿布、兩張毯子、肥皂及乳液等必需品；另一方面，一份糧食包可能包含一堆各種易於保存的罐裝食物，每一包的內容可能依家庭需求而有所差異。這裏的基本原則是：事件與物資單位的精確性和可比較性（comparability），應視資訊用途而定。**表8-4**說明服務所採用的時間、事件及物資單位。

表8-4　服務單位量的計算

單位類型	方案設計元素所需的計算	如何計算方案的年服務量
時間	1.工作人員每週對一名案主投入的時間。 2.服務類型。	1.計算每一工作人員每週共可投入多少個時間單位。 2.乘以52週。 3.再乘以全職工作人員之人數。
事件	1.工作人員與案主每週接觸的次數（1人次為1單位）。 2.服務類型。	1.計算每一工作人員每週可完成的接觸次數。 2.乘以52週[a]。 3.再乘以全職工作人員之人數。
物資	1.每年提供給一名案主的物質資源（例如食物、衣物、現金）。	1.計算每週提供一名案主的物資（例如一百美元的補助津貼，一份糧食包）[b]。 2.乘以每週接受資源的案主人數。 3.再乘以52週。

註：a週數應扣除假日。

　　b如果物質資源的供應並非常態或非定期，則需視情況調整算式。

服務完成

「服務完成」（service completion）是界定輸出的第二項元素，稱為最終輸出。必須回答的問題是：案主在什麼時刻叫做完成服務？設計方案時，就會確定何謂服務完成。服務的最終輸出有時很容易界定，有時則不然。例如，大多數的訓練方案通常會要求參與者完成一定次數之訓練或一定節數之課程後才算結業（即使在大學也如此）。在此，一個中間輸出單位可能是一次的出席，而一個最終輸出可能被界定為一名案主完成了所有

必要的訓練課程（例如汽車機械維修課程），而產前照護方案可能是到醫療院所完成至少六次的產前檢查，戒毒方案可能是案主在勒戒中心住滿六十天才算成功完成服務。**表8-5**提供了中間輸出和最終輸出的範例。

表8-5　服務設計的輸出元素

構成元素	範例	目的
中間輸出	一單位等於出席1次家庭諮商（事件單位）。	測量提供給每位服務對象之服務量，對所有參與者都應採用統一的定義。
最終輸出	一單位等於完成12次家庭諮商且未曾缺席。	確保方案工作人員和案主們對全程參與的定義達成共識，並在評估成果時能區分出完成者和中途退出者。

某些服務的最終輸出可能很難界定。一些持續性的服務，諸如日間托育或老年人的收容安養，以退出或完成方案來界定最終輸出就沒有意義，因為這些方案的設計並不會讓案主們在進出方案期間保持穩定的進展速度。在這類長期性方案中，案主可能會持續接受多年服務，但如果只在多年後才測量最終輸出，將來不及進行有效的監測和評估，反而是要在服務期間進行多次的定期檢測。

在這類情況下，方案設計者應該以「完成固定期限的處遇計畫」來界定最終輸出。例如，日間托育可以將最終輸出界定為「完成一項個別照護計畫」，而長期老人收容安養照護的情況則可界定為「完成為期三個月的指定服務計畫」。這種情況相當於個別教育計畫（individual education plans）須達成的中途稽核點（milestones）。

將稽核點的概念融入長期性服務方案的設計中，即可在某些特定時間點進行測量以判定處遇計畫是否產生預期效果。其目的是確保案主已經接受了方案設計者要提供的完整服務組合。

在方案執行前界定輸出，也使評估者得以區分完成者和中途退出者的差異。這兩群人必須分開評估，但若只將輸出界定為案主結束方案，則無法區分兩者差別。**表8-6**說明如何計算中間輸出和最終輸出。

表8-6　計算輸出單位

單位類型	方案設計元素所需的計算	如何計算方案的年服務量	範例
中間輸出	1.工作人員每週對一名案主投入的時間。 2.服務類型。	1.計算每一工作人員每週投入多少個時間單位。 2.乘以52週。 3.再乘以全職工作人員之人數。	25小時諮商×52週=1,300小時。 1,300小時×2.5位全職工作人員數=3,250小時。
最終輸出	1.服務完成之定義。 2.一名案主滿足「服務完成」定義所需的中間輸出單位量。	1.計算一名案主滿足服務完成定義所需要的中間輸出單位量（時段數）。 2.計算一年內一位諮商員或訓練師投入的時段數（例如10個訓練時段）。 3.再乘以投入此項服務的全職工作人員數。	1.服務完成是上完10個訓練時段，每個時段為2小時。 2.一個訓練師每週投入5個時段，或每年260個時段。 3.若可負擔訓練責任的全職工作人員數量=0.5，則每年可提供130個時段，或13套完整的訓練課程。

品質

　　隨著服務單位量的概念愈來愈明確，於是形成一種趨勢，亦即資助方根據中間輸出單位（例如諮商時數）來訂合約並作為補助基準。這種做法引發了「論件計酬」的爭議：會不會只重視服務量，而忽略了服務品質？

　　我們不難想像這種觀念帶來的後果。如果機構獲得的經費補助是根據工作人員實施多少次會談，則主管很可能會壓縮會談時間，好讓每位工作人員一天內進行十次甚至十二次的會談，而不管會談品質如何。倘若機構有維持服務品質的責任，而且資助方會同時考慮效率（服務單位量）和品質（服務達到標準），那麼機構勢必會找出平衡之道。

　　這就是測量品質背後的原則。要注意的是，品質的測量通常並非制式合約中的要求，但是當整個機構的某種服務品質出現問題時，這些測量要求就成為有用的手段。

　　品質跟數量（服務單位）最大的差異，在於其相對模糊的定義，不同的人對何謂品質各有說法。在工商企業界，消費者是品質的最終判准（Crosby, 1980, 1985; Deming, 1986; Juran, 1988, 1989）。但在人群服務領域，消費者（案主）的觀點固然重要，卻非判定品質的唯一標準。其他人的觀點，諸如管理人員、專業人員、理監事成員及資助方，也是確認品質的重要意見來源。如果要讓品質成為方案設計的元素之一，就必須清楚品質的定義、如何蒐集品質資料，並能定期監測與評估服務品質。

　　衡量品質通常要具備某種判斷標準。所謂「標準」，是具備公信力的權威所認同且廣被採用的一套規格，具有公認且穩固的地位（Kettner & Martin, 1987）。大部分方案設計的品質標準來自外界的強制力，例如方案工作人員被要求具備某種證照或認證，提供的食物必須符合衛生部門制訂的標準，如果方案包含醫療服務與相關設施，就要符合醫委會制訂的標準。

　　大多數的方案設計都必須確認各種品質標準，並對其進行操作性的界定。然而，有些情況需要自行設定特定的標準。舉例來說，在考量工作能力時，決定個案工作師或諮商師應具備何種證照資格常是一種自由心證的判斷；某些戒毒方案，限定其工作人員必須曾具有毒癮之經驗，而不在意其教育背景；有些方案堅持工作人員必須擁有碩士學位，若有博士學位則更佳；某些職位要求雙語人員，而對「雙語」的定義則另採公認標準。制定標準大多是為了保護服務對象的權益，因為它會影響服務的品質。Martin（1993）曾提出十四種與品質有關的向度，對品質的測量居功厥偉（見**表8-7**）。

表8-7　品質的向度

向度	定義	範例
近便性	產品或服務易於觸及或取得之程度。	親自到機構或是約時間的難易程度。
保障性	工作人員友善、有禮、體貼、具專業知識之程度。	案主對人員親切程度的評價。
溝通	服務對象能從易於理解的語言隨時獲得與產品或服務相關的資訊。	案主有多瞭解所需的服務。
能力	工作人員擁有提供產品或服務所需的知識與技能。	工作人員的學歷；對人類行為理論的知識展現。
相符性	產品或服務符合標準之程度。	服務符合既定專業標準的程度。
缺陷	任何尚未特別指明，卻會降低服務對象滿意度的品質特徵。	工作人員熟悉案主語言或文化的程度。
耐久性	績效、結果、成果不會太快消逝之程度。	受虐者在訓練後能與施暴者保持距離的時間長短。
同理心	工作人員展現對服務對象的理解，並提供個別化的關注。	從案主的評量看到工作人員將其視為個體來理解。
人性化	提供產品或服務時，保護到當事人尊嚴與個人價值之程度。	從案主的評量看到案主覺得受尊重。
績效	產品或服務確實符合原先的期待。	服務完成後對案主改變的評量。
信度	能夠以可信賴和一致的方式提供產品或服務，讓它們在不同時間或服務對象之間的差異最小化。	案主每次會面時遇到同一位工作人員的機會有多高；處遇計畫所展現的服務一致性。
回應性	工作人員能及時提供產品和服務。	從抵達到會見諮商師的等待時間有多長。
安全性	在無風險的安全設施中提供產品或服務。	案主對舒適度與安全感的評量。
實體性	設施、器材設備、人員及出版品的外觀。	案主對硬體等外觀的評量。

資料來源：摘自 Martin, L. (1993). *Total Quality Management in Human Service Organizations*. SAGE.

　　假如確定要採用一個或多個品質向度，那麼方案規劃者（必要時與案主和其他相關人士一起討論）可以從**表8-7**確定哪種品質向度對此方案最為重要，然後再對這些品質向度給予操作型定義。舉例來說，「近便性」可被界定為案主從住所到機構所需的時間；「回應性」可界定為「至少75%的案主在排定會談的二十分鐘內見到實務工作者」。向度的選擇取

決於已察覺到的品質問題。

　　一旦選擇並界定了品質向度，它們必須與服務單位量（中間輸出）結合，並進行追蹤記錄。例如：在追蹤「回應性」時，只要有案主前往機構尋求服務，就要記錄案主是否於排定時間的二十分鐘內見到實務工作者；如果採用「能力」這個向度，並將其界定為「擁有碩士學位與三年諮商經驗」，就要記錄符合此標準下的案主諮商時段數，以及不在此標準下的時段數。

　　一整個年度的品質資料應有兩套追蹤記錄：(1)該服務提供給案主的總單位量；(2)該服務符合預定標準的單位量。這樣做可讓任何符合標準的服務資料與輸出資料結合，以研判方案在某品質向度上達成了多少。

　　有時若追蹤品質向度很困難、費時或太過繁瑣，可考慮用案主滿意度來測量品質。這種做法仍需要先選出品質向度，只是改用給案主的問句來測量。例如：「您的送餐服務是否按時（於排定時間的二十分鐘內）送達？」或「您的送餐服務在送達時是否仍保持溫熱？」然後從調查結果計算出回答「是」的案主百分比，來確定服務品質是否達到標準。**圖8-4**說明了邏輯模式接下來的階段與方案輸出的關係。

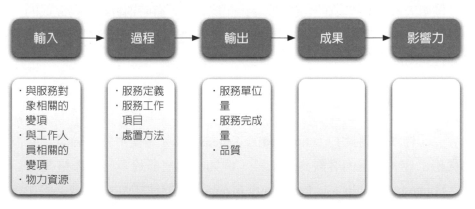

圖8-4　將邏輯模式應用於方案輸出

成果

「成果」可界定為：案主在方案開始與結束之間，其生活品質改變的測量結果。成果有四種測量方式：數量統計、標準化測量、功能層級量表、案主滿意度（Kuechler et al., 1988; Martin & Kettner, 2010）。這個階段必須回答的問題是：(1)案主是否因服務而改善？(2)如何界定與測量改善？以下將討論四種測量案主改善程度的方法。

數量統計

「數量統計」（numerical count）是案主流動量上的名義尺度測量（nominal measures），它是從某些是非題的回答所計算出來的人數或次數。例如：案主完成職業訓練後，是否立即找到工作？孩童接受住院治療後回家了嗎？接受處遇後的青少年是否再度犯案？然後將這些答案轉換為百分比，以確定預期成果的實現程度。數量統計相當容易界定和解讀，許多服務方案都有蒐集這類資料。這種方法只需在開始時登錄案主的狀況（例如失業），然後在服務完成時再記錄一次，有時則會在服務完成的一段時間內繼續追蹤記錄。特定期間內（通常是一年）的所有記錄經彙整後即可算出成功率。

標準化測量

「標準化測量」（standardized measures）是使用經過驗證且廣被實務工作者採用的客觀測量工具，例如「明尼蘇達多向度人格量表」（Minnesota Multiphasic Personality Inventory，簡稱MMPI），或「史比智力量表」（Stanford-Binet Intelligence Scale）等標準化的智力測驗。目前學界已開發出不少測量生活品質的標準化工具，包括針對老年人（Kane & Kane, 1981）或家庭與兒童（Fischer & Corcoran, 1994）的測量工具。

Martin與Kettner（2010）曾對各種標準化量表整理出不同的測量焦點面向（參見**表8-8**）。

表8-8 標準化測量的焦點面向

焦點面向	範例
人口群	針對「幼童」的社會認可需求量表。
問題	測量「父母暨準父母虐待孩童潛在傾向」的量表。
行為	針對「學齡前兒童各種行為發展面向」的評估量表。
態度	測量「父母對養兒育女態度」的量表。
個人功能	測量「個人對於達成目的之信念」的工具。
人際功能	測量「家庭關係」之量表。
發展	測量「兒童發展程度」之量表。
人格特質	測量「個人在社交互動之趨近或迴避傾向」的工具。
成就	測量「學生在各職業領域之重要生涯發展能力」的工具。
知識	測量「健康養育兩歲以下幼童之相關知識」的量表。
性向	為了「引導教育或職業發展方向」，而開發的語文推理、拼字、需求等測量工具。
服務	評估「兒童在服務中展現之健康及營養狀況」的測量工具。

資料來源：引自Martin, L., & Kettner, P. (2010). *Measuring the Performance of Human Service Programs* (2nd ed.). SAGE.

在此以Hudson（1982）發展之「一般滿意程度量表」（Generalized Contentment Scale）中的一個題目為例，說明標準化測量：

我覺得別人會欣賞我：

1＝幾乎或從來沒有

2＝很少

3＝有時

4＝經常

5＝總是

記錄這些分數不僅對整個方案有用，對個案工作者和諮商師評量個別案主的進展也很有用。為了發揮標準化測量的最大功效，必須定期重複

評量，並將結果登錄到案主的檔案紀錄中。若要說明整個服務方案對案主改善的影響，則須彙整該服務下所有案主的資料（通常是每年做一次），並以圖表呈現結果。

功能層級量表

「功能層級量表」（level-of-functioning scale）是由工作人員或其他熟悉特定人口群和問題的當地專家，針對特定方案或服務所開發的特殊工具。

此類量表讓實務工作者對案主的一些生活功能面向進行評分。例如對長期精神病患的評分項目可能包括：自理能力、決策能力、人際互動；心智發展障礙者的評分項目則可能是：日常生活活動、功能性溝通、互動技巧。這類量表的評分指標十分明確，會在案主參與方案的幾個時間點及方案結束時，由工作人員針對案主狀況在各題評定分數高低。**表8-9**示範如何用功能層級量表評量一名家暴高風險受害者的安全程度。

表8-9　測量個人安全性的功能層級量表

1	2	3	4	5
住所／工作不安全或死亡機率高。	安全受到威脅／僅有暫時性的安全。	滿足最低程度的要求／安全規劃措施進行中。	環境目前安全／未來仍有不確定性。	環境明顯是安全且穩定的。

服務方案通常會對案主設計一套完整的功能層級量表，以評量其居住、交通、教育、就業等因素。功能層級量表的優勢是可為標的人口群量身訂製，而且工作人員有較高的使用意願，不過缺點是量表的信效度尚未經過檢驗。

為了計算個別案主的成果，在方案開始、定期間隔、方案結束等時候都要進行相關量表的測量，如果可行也需要在後續追蹤時填寫。這些量表分數可同時顯示案主的優勢和潛在問題，以判斷個案管理及追蹤助人歷

程進展的優先事項。透過彙整案主們在進出方案時的每份量表分數，即可認定方案成果（例如，家暴受害者安全性的彙整平均數在開始時是2.7，結束時為3.9）。

案主滿意度

第四種測量成果的方式是「案主滿意度」（client satisfaction）。有些研究已證明，滿意度與其他更具體的正向成果指標之間存在顯著的相關（Martin, 1988; Millar et al., 1977）。Martin對交通運輸及救護車服務進行的研究發現，雖然我們也可以測量通報反應時間、車輛抵達時間、單趟成本、單位里程成本等因素，但是測量當事人對服務的滿意度不但成本較低，也能有同樣的測量信度與效度，因此它可成為此類服務的指標。當然這並不代表案主滿意度永遠是成果測量方式的首選。

為了因應方案評估的要求，許多服務提供者採用案主滿意度為成果指標，因為它似乎是最容易蒐集的資訊。然而，案主滿意度與生活品質改善之間的相關性，並非在所有領域都獲得證實。方案規劃者應謹慎使用，避免對該評估指標有過高的期待。

測量案主滿意度需要在「非常滿意」到「非常不滿意」之間設計出中間選項。以下是一個案主滿意度題目的例子：

在家庭送餐服務的準時送達方面，您的整體滿意度如何？

1＝非常滿意
2＝有些滿意
3＝無所謂滿意或不滿意
4＝有些不滿意
5＝非常不滿意

個別案主的滿意度分數需要定期評量並記錄結果。個案管理者可追蹤他們負責的個別案主，以便瞭解他們對服務的看法；而方案的整體成果

則需要彙整一整年的評分紀錄。

中間成果與最終成果

　　與目標和輸出一樣，成果也有兩種類型：中間成果與最終成果。「中間成果」是案主在接受完服務的最終輸出時可測量到的生活品質改變（例如改善技能或找到工作），這些變化應在服務完成的時間點進行測量。「最終成果」雖然也是案主生活品質的改變（例如自立生活或穩定的職涯發展），但這些變化是在後續追蹤時期的特定時間點才測量。**表8-10** 說明兩種成果的元素。

表8-10　服務設計中的成果元素

構成元素	範例	目的
中間成果	受暴者完成訓練步驟時，在保護自身及子女免受暴力方面所展現的能力。	明確指出並界定案主在服務結束當下，應該會做或能夠完成的事項。
最終成果	受暴者在結案後至少一年內展現的能力，可保護自身及子女免受暴力對待。	明確指出並界定案主在結束服務後一段期間內的預期成果，以確定服務處遇達到的結果能夠維持。

　　中間成果與最終成果是相互關聯的，在此繼續以家暴服務方案為例說明。在測量中間成果時（服務終止的當下），我們要知道受害者是否：(1)能夠銜接上獨立生活所需的各項社區資源（住宅、法律服務、交通、托兒服務等）；(2)能夠採取必要步驟來確保自己和孩子的安全；(3)已接受就業訓練並學會職涯發展應具備的工作能力；(4)在其受訓的領域中找到一份工作。如果這些都實現了，我們將在一年後評估是否達成「受害者及其子女不再遭受暴力相向」的最終成果。

　　中間成果同樣可以使用下列四種方式測量：數量統計、標準化測量、功能層級量表、案主滿意度。數量統計可用各項成果指標的達成百分比來計算（例如：諮商方案中達成「減少沮喪」指標的比率；青少年初犯

處置方案則可計算再犯率）。至於標準化測量或功能層級量表的方法通常需要前測與後測，前後測的分數差異，即可視爲中間成果的指標，例如自尊的進步狀況、家庭內部溝通狀況的改善、日常生活活動功能的改善等。案主滿意度的分數是案主主觀上對服務有用程度的一次性感受，亦可作爲一種成果指標，高滿意度即代表正向成果，而低滿意度則代表負面成果。

　　同樣地，最終成果也可採用上述四種測量方式的任何一種。然而，數量統計和功能層級量表是測量最終成果較常使用的方法。這是因爲我們對最終成果的期望通常可能比中間成果更廣泛也更有企圖心，所以會用這兩種比單一標準化測量或案主滿意度更爲廣泛的測量方法。最終成果的測量重心通常放在生活品質的各項長期穩定表現，如家庭關係、就業、教育、自立生活，以及其他重要的生活活動或成就層面。這方面已開發出不少標準化的數量統計指標，例如就業狀態、足以滿足日常需求的收入、在校成績、學業平均成績等。這些指標通常對最終成果的測量更有幫助。**表8-11**說明了如何用成果指標計算成果單位量。

表8-11　計算成果單位量

單位類型	方案設計元素所需的計算	如何計算成果單位量	範例
中間成果單位	1.中間成果的定義。 2.方案中的案主人數。 3.達成該中間成果的案主人數。	1.計算有機會完成服務的總人數（最終輸出）。 2.依定義計算達成中間成果的人數。 3.達成中間成果的人數除以有機會完成服務的總人數。 4.結果即為中間成果的成功率。	1.中間成果的定義為：當完成訓練時，顯示習得之技能已達可接受的程度。 2.訓練方案共有30位案主。 3.在接受訓練的30位案主中，有26位在訓練結束時已習得可接受程度的技能。 4.26除以30，得到中間成果的成功率為86.7%。

（續）表8-11　計算成果單位量

單位類型	方案設計元素所需的計算	如何計算成果單位量	範例
最終成果單位	1.最終成果的定義。 2.達成中間成果的案主人數。 3.達成最終成果的案主人數。	1.計算達成中間成果的人數。 2.計算達成最終成果的人數。 3.達成最終成果的人數除以達成中間成果的人數。 4.結果即為最終成果的成功率。	1.最終成果的定義為：至少一年內未受暴力對待。 2.在訓練結束時，有26位已習得可接受程度的技能。 3.在這26位案主中，有19位在結束訓練方案一年內，自身與子女均未受暴力相向。 4.19除以26，得到最終成果的成功率[a]為73.1%。

[a]補助單位等相關人士可能會想瞭解此方案依總參與人數計算出來的最終成果成功率。在此例中，19位成功者除以30位總參與者，可算出這種成功率是63.3%。

　　計算成果需要利用本章提出的部分甚至是所有的測量。影響力則可能要回歸社區符合問題或需求定義的人數來測量，該群體人數的估計如第五章所述。**表8-12**說明如何在方案完成和後續追蹤時計算社區的中間成果與最終成果。

表8-12　中間成果與最終成果的計算範例

在實施家暴方案前估算社區中家暴受害者的人數	社區中獲准進入家暴方案的人數	達到中間成果的成功人數與百分比（在方案終止時測量）	持續展現最終成果的成功人數與百分比（在1年的後續追蹤時期測量）
327	150	98 (65%)	53 (54%)

　　中間成果與最終成果可以從方案和社區兩個層面來計算。不過，影響力的測量通常更著重多個機構和方案共同達成的成果，因為在多數的情況下，期待單一機構（例如Safe Haven）對整個社區產生重大影響是不合理的要求。但是假如有一個跨機構的合作案減少了全社區的問題，那麼影響性方案評估就會是一個有用的工具，我們將在第十一章討論這項主題。

　　圖8-.5說明邏輯模式在方案成果和影響力等最後兩個階段的應用。

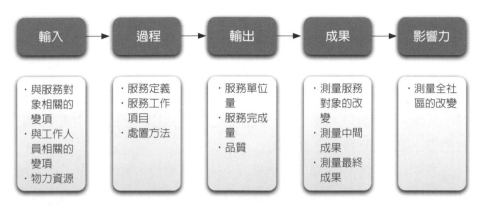

圖8-5　將邏輯模式應用於方案成果

　　總而言之，這一節的重點在於系統內的四大部分：輸入、運作過程、輸出、成果。這套架構可用來確認並界定方案設計中的每一項元素。

- 輸入包括案主、工作人員、物質資源等元素。
- 運作過程包括服務輸送的元素。
- 輸出包括服務完成的元素：
  「中間輸出」是完成的服務單位量。
  「最終輸出」是一整套指定服務的完成。
- 成果包括案主生活改變的測量：
  「中間成果」是服務完成當下所測得的改變。
  「最終成果」是服務完成後在特定追蹤時期，測得能達成或維持的改變。

 # 明定服務方案假設

　　如第六章與第七章所述，方案假設總括了方案所有的假定與期望。每套方案都有其方案假設，無論有沒有明確表達出來。只要提供一項服務來處理一個問題，本身就已蘊含了假設的思考（例如，若我們為考慮離婚

的夫妻提供諮商，則我們可能可以穩定他們的關係且避免離婚）。

　　舉例來說，當一項新法規要求接受補助者必須去工作，而且會在一定期限後終止失業補助，那麼該法規隱含的假設是：若終止失業補助則可激勵其就業，進而自立生活。當法律要求終止虐待或忽視孩童的父母權利時，其隱含的假設是：若這些孩子能在免於虐待和忽視的環境中成長，則他們的生理和心理將會更為健全。

　　我們在第六章以家暴問題為例介紹過方案假設，當時是為了打下目的與目標設定的基礎。在形成假設的過程中，我們回顧了相關理論文獻，去探討為何有人會對家人暴力相向（問題成因），由此建構出一個成因的假設與一個介入的假設。延續這樣的推理，我們主張如果一套方案要教導親職技巧，必須要同時說明方案有效的對象只限於缺乏親職知識與技巧的父母，但對其他特殊狀況的父母，諸如需要深度諮商以處理自身童年受虐經驗、需要一份工作、需要社會接觸，或需要托育協助的父母，僅靠親職訓練可能不太有效。

　　方案假設引導出方案設計各項元素的定義和選擇，包括案主特徵、工作人員特徵、服務定義、服務工作項目、介入方法，以及輸出與成果的定義。由方案假設所形成的架構，可保持方案內部的一致性與完整性。

　　以下分別就系統各個部件列出一些須思索的問題。

輸入

- 基於我們的假定和方案假設，哪些類型（以人口統計、描述性或診斷特徵做區分）的案主最能從方案服務中獲益？
- 這套方案該僱用哪種類型的工作人員，方能有效提供服務給既定的對象群體？是否要考慮性別、種族、年齡？還是該要求學歷、證照資格或實務經驗？
- 為了執行服務並滿足案主的需求，需要哪些資源、設施或器材設備？

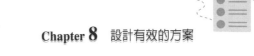

運作過程

· 對於方案設計界定的對象群體以及待處理之問題,哪種服務類型、服務工作項目、介入方法最合適?

輸出

· 根據方案的期望,哪一種服務組合可形成完整的服務?這些服務至少要達到多少服務量才可能產生可測量的預期結果?

成果

· 基於方案假設,我們可以期待達成什麼成果?由於方案本身的限制,我們在這個範圍內可能無法達成什麼成果?

　　這份問題清單並非鉅細靡遺,但它說明了圍繞著方案假設的重要問題類型。如果能一直沿著方案假設回答這些問題,即可確保方案內部的一致性與完整性。假如方案規劃者能仔細思考並清楚界定這些元素,服務或方案設計應該更能貼近案主的需求。

　　在成效導向之方案規劃中,清楚界定方案設計的元素是一個關鍵步驟。這個步驟讓實務工作者奠下思考服務的基礎,藉此發現在特定標的人口群與問題下,哪種介入措施最能產生正向結果,以及哪種措施無效。透過清楚界定方案設計的元素,讓服務方案擺脫碰運氣的方式,幫助我們更精確評量案主的問題與需求,並提出適當的服務組合以有效解決問題、滿足需求。藉由這些定義,也讓資料蒐集系統可實際幫助方案規劃者、管理者及實務工作者逐步瞭解各種介入技術的成敗情況。

181

總結摘述

在本章中，我們試圖解釋方案規劃者如何明確地涵蓋所有方案元素，以建立並實施成效導向的方案。我們再一次強調了方案假設的重要性，它有助於釐清方案預期背後的假定，建立一套可用來維繫方案內在一致性的架構，並可以用來檢視輸入、運作過程、輸出、成果，以確保它們的內部一致性。

若能依循本章所述的各項方案設計元素，方案規劃者將能確保所設計的方案是周延的、注重細節的，並維持方案內部的一致性與完整性。方案規劃者之所以能確信方案符合邏輯、可以執行、可被評估，前提是建立下列四大部件之間的緊密關係：(1)資源與原料（輸入）；(2)處理過程系統（運作過程）；(3)服務事件之完成（輸出）；(4)案主生活品質之改變（成果）。

討論案例

春谷家庭服務機構（Springdale Family Services）成立了近40年，提供婚前與婚姻諮商，也提供家庭與個人諮商，對象包括兒童和青少年。多年來，經費頗有增長，起初主要靠聯合勸募協會的會員資助，並透過教會和當地企業募款。漸漸地，該機構取得州政府和聯邦政府更多的補助款，得以實現一些困擾家庭的特定服務目標。該機構的處遇方法曾一度專注於心理社會治療，但近來已轉向認知行為治療，將重心放在協助案主理性解決問題和發展因應技巧。

過去十年來，有些亞裔家庭，主要包括越南、中國及韓國家庭，都在春谷機構安定下來。聯邦政府近期有項計畫，欲補助目前對亞裔美籍家庭的服務，而春谷機構有高度意願申請這項補助。提案要求中明確指出方案設計必須涵蓋亞裔家庭的獨特因素。機構的常務理事於是指定一個研究小組負責研究亞裔家庭的家庭動力。他們發現，雖然在不同的亞裔美籍族群和個體之間存在差異，但是在子女養育、個別家庭成員的角

色以及溝通方面確實有一些共同的傾向。這些傾向包括父權階級、權威式教養、個人遵循家庭,以及重視面子等四項。當機構開始針對這個目標群體設計家庭諮商方案時,研究小組要求方案設計小組從這四個概念出發,設計一套針對亞裔美國家庭的特殊諮商模式。

 問題與討論(依上述案例回答)

1. 為了使服務明確指向這個標的人口群,服務定義應該包括哪些內容?請試著擬出服務定義的初稿。

2. 目前機構的服務工作項目包括了篩檢與評估、制訂處遇計畫、教導問題解決技巧,以及協助個人與家庭發展因應技巧。您會如何根據亞裔美國家庭的特徵來調整這些服務工作項目?

3. 機構目前用於多數白人案主的方法包括每週與個人、夫妻或家庭進行諮商會談,也有針對青少年、女性、男性族群的諮商。如果要融入亞裔美籍的價值觀,可能要做那些改變?

4. 春谷機構的諮商師大多為白人女性,還有一位非裔美籍男性和一位拉丁裔女性。這些諮商師超過四分之三擁有碩士學位,而且普遍被認為諮商技術嫻熟,且整體表現良好。請問您建議哪些策略,讓他們在協助這些新族群時更有成效?您如何追蹤成效,以瞭解該策略是否確實有用?

5. 在測量服務亞裔美籍案主的成功程度時,您認為哪一種評估中間成果的策略最有效度和信度?為什麼?

參考文獻

Arizona Department of Economic Security. (2010). *Arizona SFY 2010 dictionary and taxonomy of human services*. Author.

Brody, R. (2005). *Effectively managing human service organizations* (3rd ed.). SAGE.

Calley, N. (2011). *Program development in the 21st century: An evidence-based approach to design, implementation, and evaluation*. SAGE.

Council on Financial Assistance Reform. (2014). *Frequently asked questions for new uniform guidance at 2 CFR 2000*. https://cfo.gov/wp-content/uploads/2013/01/2-C.FR.-200-FAQs-2-12-2014.pdf

Crosby, P. (1980). *Quality is free*, Mentor.

Crosby, P. (1985). *Quality without tears: The art of hassle-free management*. McGraw-Hill.

Deming, W. (1986). *Out of the crisis*. MIT Center for Advanced Engineering Study.

Fischer, J., & Corcoran, K. (1994). *Measures for clinical practice: Couples, families, and children* (Vol. 1). Free Press.

Gamst, G., Der-Karabetian, A., & Dana, R (Eds.). (2008). *Readings in multicultural practice*. SAGE.

Hudson, W. W. (1982). *The clinical measurement package: A field manual*. Dorsey.

Juran, J. (1988). *Juran's quality control handbook* (4th ed.). McGraw-Hill.

Juran, J. (1989). *Juran on leadership for quality: An executive handbook*. Free Press.

Kane, R., & Kane, R. (1981). *Assessing the elderly: A practical guide to measurement*. Lexington Books.

Kettner, P., & Martin, L. (1987). *Purchase of service contracting*. SAGE.

Kuechler, C., Velasquez, J., & White, M. (1988). An assessment of human services program outcome measures: Are they credible, feasible, useful? *Administration in Social Work, 12*, 71–89.

Martin, L. (1988). *Consumer satisfaction surveys: Are they valid measures of program performance? Paper presented at the Eleventh National Conference on Specialized Transportation*, Sarasota, FL.

Martin, L. (1993). *Total quality management in human service organizations*. SAGE.

Martin, L., & Kettner, P. (2010). *Measuring the performance of human service programs* (2nd ed.). SAGE.

Millar, A., Hatry, H., & Koss, M. (1977)). *Monitoring the outcomes of social services: Vol. I. Preliminary suggestions*. Urban Institute.

Payne, M. (1997). *Modern social work theory* (2nd ed.). Lyceum Books.

United Way of America. (1976). *UWASISII: A taxonomy of social goals and human service programs*. Author.

United Way of America. (1996). *Measuring program outcomes: A practical approach*, (4th ed.). Author.

設計成效導向的資訊系統

本章綱要

本章目的是說明：

- 使用電腦化資料來測量績效的方法
- 方案評估與資料蒐集之間的關係
- 如何設計一套資料蒐集系統，以提供必要的資訊給相關人士？

本章涵蓋的主題包括：

- 人群服務的記錄工作
- 為方案設計資料蒐集系統
  - 步驟一：思考資料蒐集與彙整的評估背景
  - 步驟二：確認該問的問題
  - 步驟三：確認資料元素
  - 步驟四：發展分析策略
  - 步驟五：準備月報表的格式
- 總結摘述
- 討論範例
- 問題與討論

 人群服務的記錄工作

　　在第八章，我們把重點放在界定方案內部的資料元素，藉以建立成果與績效的測量架構。本章將解釋如何將這些元素組織成一套資訊系統，來提供整套方案與個別案主的成效數據。

　　從二十一世紀初開始，人群服務機構和方案幾乎都會為了測量績效而蒐集資料，然而研究卻顯示這些機構很少使用資訊管理系統（Carrilio, 2005; Hatry, 2011）。

　　由於經費資助方的要求與資訊科技的進步，資料蒐集與登錄程序已從過去手寫的個案記錄變成電腦化記錄，個案資料須從中轉譯成電腦內碼。現在不管是大型國際企業或一般的工商業，都知道如何進一步使用數據資料。他們藉著蒐集彙整資料而追蹤銷售量、客戶偏好、廣告效益，以及許多其他的商業資訊。同樣地，人群服務機構也能藉此追蹤案主類型、服務方案的元素、各類案主的成效，以及許多其他的方案部件。

　　當今有些大型組織會用更精密的資訊系統，例如所謂的「儀表板」（dashboards）和「計分板」（scoreboards）。儀表版是用一串指標追蹤、分析正在進行中的活動（例如銷售、服務），當資料顯示活動偏離目標時便能即時修正。儀表板可以顯示整個組織、特定部門或方案的運作狀況，它能讓人一眼看出順利運作與需要調整的地方。**圖9-1**舉例說明如何用儀表版來追蹤家暴庇護中心強化案主自尊的工作成效。

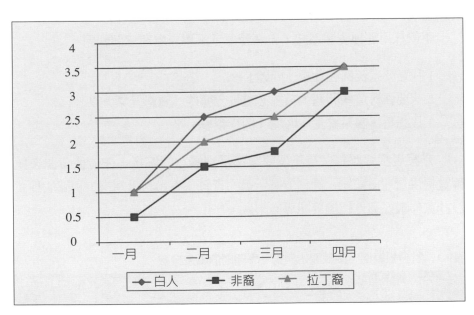

圖9-1　儀表版範例：各種族在第一季的自尊分數

計分板側重與方案目的有關的長期績效，經由監測關鍵指標來判斷預定目的與目標的進展。計分板經常利用儀表板的數據，將它們併入長期計畫的報告中。**表9-1**示範如何使用計分板來追蹤家暴服務的目標進展狀況。

使用儀表版和計分板的組織大多習慣結合兩者，以便隨時提供需要的資訊。有興趣的讀者可上網找到許多相關範例和軟體。不過，很多套裝軟體都有登錄與匯集數據的功能，讓人群服務方案得以將案主、方案、財務、績效等資料鍵入電腦，甚至加以運算整合。一些電子表格軟體像微軟的Microsoft Excel或Microsoft Access就可建構一套基本的資訊管理系統。有的使用者會設計模版和數據登錄視窗，這類登錄程式可搭配防錯設計自動拒絕錯誤資料，直到各欄位填寫無誤為止。

工作人員只要在個人電腦設定各式模版（包含一串輸入欄位的視窗），就能判定對象的服務資格。登錄完成後，社工即可直接連上州政府資料庫並上傳完整的申請資料。現在資料處理的原則是「輸入一遍即可，資料重複利用」。

不管採用哪種資訊系統，方案管理者都要先處理三個課題：

1.我需要系統回答什麼「問題」？
2.若要回答這些問題，系統必須包含哪些「資料元素」？
3.我想藉這套系統生成哪種「例行報表」？

方案規劃者要確保這三個問題都得到滿意的答覆，才能使資訊系統確實提供管理、監測、評估方案所需的資料。不過話說回來，相關的程式設計工作最好另外留給資訊專家來做。

表9-1　計分板範例：訓練開始與第一季期間的案主分數

月份	就業技能平均值	財務管理技能平均值	社區資源瞭解程度的平均值
訓練開始	3.9	5.5	4.9
一月	4.5	5.8	6.2
二月	5.7	6.2	7.2
三月	5.8	6.5	7.5
第一季的達成目標	7.5	8.0	9.0

　　成效導向的方案規劃的數據要求，是爲了讓方案決策符合案主的最大利益——決定哪種服務對哪類案主或問題最有效。本章接下來會把重點放在如何建立、彙整、報告這些資料元素的蒐集與呈報系統。關於技術性的程式設計，自有資訊專業人員處理，在此不談。另外請注意這裏討論資料蒐集系統是爲了測量績效、監測、評估「方案」，至於要如何幫整個「機構」發展資訊科技應用，這些更複雜的議題請另參考Schoech（1999）的著作。

 # 爲方案設計資料蒐集系統

　　成效導向的方案規劃有一項重要假定，亦即每項活動都會被前面的活動所塑造，也會讓下一個活動成形。當然，實際過程並非直線進行，有時在活動中可能需要回頭修改先前的決定。然而，由於整個過程仍要保持前後一致，資料蒐集系統要從前幾章的規劃過程中設計出來。邏輯模式就是確保前後一致的基礎，其中目的與目標的設定只是用不同的術語重述方案假設，而輸入、運作過程、輸出、成果的確立則是重組目的與目標。資料蒐集系統是建立在所有這些基礎之上。**表9-2**說明其中部分的關連。

　　每個系統部件（輸入、運作過程、輸出、成果）在資料蒐集上都有其意涵，我們留待本章後面討論。在說明資料元素的處理之前，要先想清楚建立系統的最終目的。爲此，我們建議規劃者第一步先以方案的「評估功能」爲背景開始思考（若要測量成果或績效，需要哪些數據？），第二步再回頭檢視這些評估資料是否符合方案規劃初期的「問題分析」結論。

　　前述兩步驟是先從尾巴開始，看似違反直覺，卻可以讓資料蒐集更有效率，也能確保系統啓動後產生更好用的資料庫。沿著這種順序的討論可幫助讀者更清楚理解輸入、運作過程、輸出、成果之間如何相互牽動，以解決案主與社區的問題。

表9-2　假設、目的與目標以及資料元素之間的關係

待檢驗的介入假設	目的與目標	資料元素
若遭受家暴的婦女能夠： · 改善自尊。 · 減少社交焦慮。 · 銜接上有利於自立生活的社區資源。 · 發展財務管理技能。 · 學會工作技能。 · 獲得一份穩定的工作。 則受虐婦女將展現出： · 自尊的提升。 · 社交焦慮感降低。 · 可掌握財務管理技能。 · 獲得一份穩定的工作。 · 能夠自立生活。 · 減少再度回到同一位或其他施虐者身邊的事件。	最終成果目標 · 在某某日期之前（可能從方案開始至少2年），至少有××%的方案參與者不會再發生家暴事件。 中間成果目標 · 在某某日期之前（在最終成果之前），至少有××%的方案參與者在Hudson自尊量表的自尊分數至少提升了××%。 · 預期相似的結果會顯示在社交焦慮感、熟悉財務管理技能、就業、自力更生以及回到受虐者身邊等方面。	受害者狀態資料之建立 · 自尊前測分數。 · 社交焦慮前測分數。 · 財務管理前測分數。 · 剛開始的就業狀況。 · 自立生活前測分數。 · 家暴事件次數。 · 是否重回施暴者身邊。

設計與執行這種系統的步驟如下：

1. 思考資料蒐集與彙整的評估背景：為什麼評估要經過規劃？誰會用到這份評估？所有可能使用這份評估的人想從中知道什麼？

2. 確認該問的問題：方案假設看起來依然正確與合乎邏輯嗎？系統能顯示案主是否有改善嗎？如果有改善，我們能夠解釋原因嗎？如果沒有改善，我們能解釋為什麼沒有嗎？

3. 確認資料元素：我們最起碼要知道關於輸入、運作過程、輸出及成果的哪些內容？為了瞭解多元族群之間的差異，我們必須知道案主的哪些人口統計學資料？我們會使用哪些指標來追蹤服務提供過程、案主參與狀況，以及服務結果？

4. 發展分析策略：為了確保所有系統使用者都能從他們關注的方向瞭解方案狀況，我們應該如何呈現資料？

5. 準備月報表的格式：誰會收到月報表？他們需要知道的是什麼？

茲將上述五步驟的細節，說明如下。

步驟一：思考資料蒐集與彙整的評估背景

雖然第十至十一章才會詳細說明方案評估的設計，但在設計資料蒐集系統之前，規劃者有必要先想好概念性的評估原則。過去人群服務領域剛開始出現評估要求時，工作者常常是先做了服務才思考該怎麼評估，這也是為何方案評估總是無法確實幫助方案改善。我們從第一章開始就強調務必儘早進行妥善的評估規劃。

方案評估策略的背後有兩項目的：(1)評量方案成功達成預期目標的水準；(2)確認方案需要改進之處。方案活動與成果的測量結果可用來比較其他類似方案，也可從數據中挖掘方案可能隱藏的問題。評估最關切的是：哪件事正是因為有了這個介入才發生？方案評估必須斷定什麼方案策略在什麼條件下最有效，以幫助管理者解決問題。

方案有兩種評估範疇：形成性評估（formative evaluation）與總結性評估（summative evaluation）。在此先扼要介紹這兩個概念，細節留待方案評估的專章再解說。「形成性評估」是在方案實際運作的過程中進行，隨著執行即時判斷方案是否按照原先設計實施。形成性評估要回答的問題包括：方案是否按照設計實施？參與者是否足以代表標的人口群？服務是否符合方案設計的承諾？有了這類問題的答案，管理者能在第一年執行期間就確定是否該調整方案。形成性評估著重的是前幾章介紹的「過程目標」。

「總結性評估」正如其名，是在方案週期或方案幾個階段的最後（如預算週期或訓練課程完成時），又或者是方案結束時才進行。總結性評估要評量的是方案成就（方案的成功水準），著重在「成果目標」。**表9-3**簡要地比較兩種評估範疇。

表9-3　形成性評估與總結性評估

形成性評估	·在方案實際運作期間進行，在方案週期的期間就蒐集資料。 ·在方案執行期間提供資料以判斷方案在多大程度上按照設計執行。 ·回答關於方案在執行方面的問題。 ·焦點放在過程目標。 ·使管理者判斷是否需要修正方案，甚至在第一年結束前就可修正。
總結性評估	·在方案週期或方案幾個階段的最後（如預算週期或訓練課程完成），又或者是方案結束時才進行，在每個週期末尾才蒐集資料。 ·用來評量方案實現的成就（方案的成功水準）。 ·焦點放在成果目標。

評估的類型

　　方案評估有多種類型，分別可檢視方案的不同層面。至於選擇何種類型，取決於當時的可行性與決策者的資訊需求。

　　評估一般有五種類型，分別提供不同的方案運作資訊：(1)效力評估（effort evaluation）；(2)成本效率評估（cost-efficiency evaluation）；(3)成果評估（outcome　evaluation）；(4)成本效能評估（cost-effectiveness evaluation）；(5)影響力評估（impact evaluation）（Suchman, 1967）。以下先簡要界定每種類型，後續章節會再詳細說明。

·「效力評估」特別關注記錄方案參與者的特質與方案活動的數量，亦即：提供了多少服務？是什麼類型的服務？提供給誰？效力評估反映出服務提供的程度，同時包括輸入與運作過程。
·「成本效率評估」（或簡稱效率評估）關注一單位服務所花的成本。更具體地說，它關注以時間單位、事件單位或物資單位來計算的成本，亦即輸出成本。
·「成果評估」檢驗案主達成的成果，並確認方案成果目標的實現程度。
·「成本效能評估」關注結果實現的成本，也就是每個成功「成果」的成本。

Chapter 9 設計成效導向的資訊系統

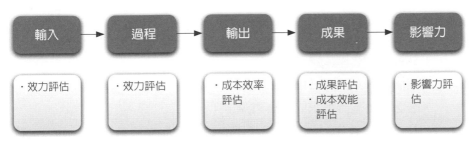

圖9-2　五種評估類型與邏輯模式各階段的對應

・「影響力評估」關注方案滿足多少規劃過程中認定的社區需求。

圖9-2說明這些評估類型與邏輯模式各階段的對應。

這五種類型幾乎涵蓋方案主管在評估方案時所需的全部資訊，我們可以用下列的問句做個摘要：

・什麼類型的案主？（效力評估）
・遭遇什麼類型的問題？（效力評估）
・接受什麼類型及多少數量的服務？（效力評估）
・得到什麼結果？（成果評估與影響力評估）
・用了多少成本？（成本效率評估與成本效能評估）

以上述這些問題為指引，即可開始建構一個具有回應性的資訊管理系統。

步驟二：確認該問的問題

只要回顧問題分析與介入假設，通常就能很快找出方案評估該問的問題。步驟二是要重新檢視最初發展這套方案的理由，並確保方案走在減輕或解決問題的正軌上。

為了方便說明，我們再度回到前述的家暴問題。以下是其方案假設（由問題成因的假設與介入的假設所組成）：

由於有些婦女經歷到下列情形：

- ·低自尊、有廣泛性焦慮症；
- ·與朋友、家人及社區缺乏聯繫；
- ·缺乏滿足基本需求的經濟來源；
- ·缺乏基本教育和就業市場所需的技能，而無法獲得一份有固定薪資的穩定工作以滿足其基本需求，

結果使得這些婦女因爲下列原因而容易淪爲家庭暴力的受害者：

- ·具有各種個人、情緒和心理問題；
- ·孤立於社會支持系統和人際網絡；
- ·依賴伴侶以取得經濟上的支持；
- ·嚴重缺乏獲得一份安穩工作的能力。

若能對受暴婦女採取下列行動：

- ·針對個人、情緒和心理問題，提供個別與團體諮商；
- ·提供個案管理服務，促成服務對象與外界保持適當的接觸，使其在接受處遇後能建立持續且穩定的生活方式；
- ·提供財務規劃服務，以幫助他們管理收入，並維持生活基本開支；
- ·提供就業訓練與安置服務，

則參與方案的婦女可望：

- ·提升自尊、減輕焦慮；
- ·滿足居住及育兒需求，同時也滿足在社區獨立生活的其他必要需求；
- ·有效管理其財務；
- ·能夠在其生涯中獲得一份安穩的工作，並賺取能滿足其經濟需求

之薪資。

在驗證過這些方案假設之後，我們的心中會浮現下列問題。

輸入問題

- 我們對某群人設計了這套專門處理特定問題的方案，這套方案並非用來處理其他問題，例如藥物成癮，也無法處理完成方案後又決定回到施虐者身邊的案主。我們如何確定參與者符合方案預定的對象？
- 在這套方案中，我們有沒有蒐集不同族群或其他特殊族群的資料，讓我們知道為何不同族群之間會有服務效率、成效、品質的差異？

這裏有個重點是，方案招募的危機人口群（家暴受害者）是否真有文獻指出的特徵？換言之，她們是否真的有低度自尊、社交焦慮、獨立生活的能力有限、財務管理技能不足、就業技能不足等問題？如果參與方案的人與這些特徵不符，那麼介入措施將遭遇適用性的質疑。如果他們的確具有那些特徵，該特徵又是否真的促使他們淪為家暴的受害者？這些特徵是方案試圖改變或消除的各種行為與感受。我們必須確定只要介入順利執行，就能使案主擁有獨立生活且免受暴力的未來，這也是介入假設的檢驗焦點。

運作過程問題

- 參與方案之危機人口群是否定期參加預定的個案管理、諮商及訓練等活動？
- 在設計方案與提供服務時，有考慮到特定種族（或其他特殊族群）的獨特因素嗎？

輸出問題

‧方案參與者是否完成個人復健計畫（IRP）中的所有服務？

成果問題

‧在參與方案活動一段時間後，參與者是否展現出較高的自尊、較低的社交焦慮、掌握獨立生活技能、掌握財務管理技能，以及掌握工作技能？

‧服務結果是否依不同種族或其他特殊族群的背景分別計算彙整？

這些提問非常有用，有助於確認需要蒐集的資料元素，同時制定分析策略。

步驟三：確認資料元素

資料元素是有關案主、服務及績效的各項資訊，彙整後可形成方案服務的整體描述，包括服務對象人口群、所提供之服務，以及達成的結果。資料元素應根據方案的輸入、運作過程、輸出、成果等部件分別組織起來，如同下列依大小標題呈現的形式。

方案輸入

‧案主的人口統計學與描述性特徵。

‧案主的社會生活史資料。

‧案主的問題／優勢剖析。

‧物質資源。

‧設施。

‧器材設備。

‧工作人員的描述性特徵。

方案運作過程

·服務工作項目。
·介入方法。

方案輸出

·中間輸出（提供的服務單位量）。
·最終輸出（服務完成量）。

方案成果

·案主中間成果（服務完成時的改變）。
·最終成果（後續追蹤時的改變）。

圖9-3說明資訊系統構成元素與邏輯模式各階段的對應。

接下來將更詳細說明選擇資訊系統資料元素時應考慮哪些變項，以滿足規劃過程每個部件的需要。

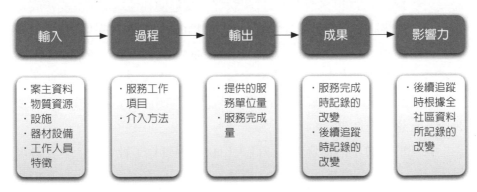

圖9-3　資訊系統資料元素與邏輯模式的對應

方案輸入

案主的人口統計學與描述性特徵：第八章曾提過，第一個要考慮的資料元素就是案主的人口統計學特徵與描述性特徵，以及社會生活史資料。**表9-4**列出其中的一些元素作為範例。

表9-4 製作家暴受害者的檔案時須考慮的若干資料元素

人口統計學特徵	其他與家暴有關的特徵	社會生活史因素
・年齡。 ・種族。 ・性別。 ・教育程度。 ・就業或其他收入。 ・婚姻狀態。 ・子女人數。	・與伴侶的關係。 ・住房安排。 ・交通工具。	・社交對象。 ・與家庭成員的關係品質。 ・跟核心家庭成員及其他社交對象的距離。 ・親子關係品質。

此刻的任務不是開發資料報表，而是確認要蒐集的資料是什麼，讓其合理。唯有完成這項任務後，才能發展出資料蒐集工具。

在思考如何預防案主再度遭受家暴時，除了上述特徵，我們或許還需要更多資訊，諸如伴侶特徵、住家狀況、交通便利性、每週社交接觸次數、案主與核心家庭成員或其他支援系統的距離、就業狀態等。這些因素大多可幫助我們確定案主是否屬於方案的標的人口群，也可瞭解案主回到社區時可能發揮作用的因素。每套方案一開始會主觀判斷應納入哪些正確的人口統計學變項，之後可再做調整。我們也應明白納入過多變項會有資訊或系統超載的風險。

案主的社會生活史資料：如同人口統計學資料，社會生活史資料可提供線索，幫助我們掌握案主落入現狀的背景。個案工作者通常會在接案時詢問社會生活史資料，以瞭解案主行為模式及其如何隨時間變化，同時記錄法律上的各項考量。

為幫助績效測量、監測及評估，社會生活史資料必須具有「研究」

的性質。也就是說，必須根據問題分析而有理由相信某些變項可能與方案、案主及服務成果有關。

以家暴防治方案為例，我們知道低自尊和高社會焦慮容易導致受害。因此我們可能會想探究：案主生活史存在什麼因素削弱了她的自信？我們可以詢問案主目前有多少朋友與同事、用臉書等社群媒體與維持社交的情況、人際關係的性質、藥物濫用的歷史等等，來探究這個問題。任何供績效測量、監測及評估的資料都必須量化，同時有既定的登錄格式。

案主的問題／優勢剖析：前來人群服務機構求助的案主通常呈現既有問題又有優勢的特點。比方說某案主可能工作穩定，但欠缺財務管理技能；而另一位可能交通不便、工作出勤率偏低，但有良好的親職技巧。這些因素都對個案管理很重要。事實上，個案工作方法是圍繞著問題和優勢的概念建立的（Reid, 1992; Saleeby, 1992），彙整這些資料對方案規劃也相當重要。如第七章所述，這些因素會轉變成方案的「中間成果目標」。

在蒐集績效測量的資料時，為了後續分析之用，必須知道一年內有多少案主具有特定問題或優勢，並計算其百分比。這些資訊可從接案與篩選人員、案主本人、第三方等填寫的評估工具中獲得。運用一份簡單的量表，從「問題嚴重」到「具有優勢」設定出高低分，則可為個別案主和所有方案參與者建立問題與優勢剖析。這些評量工具，無論是購買來的標準化量表或是由工作人員自行開發，均可讓我們判斷：(1)案主所經歷的問題或匱乏；(2)問題的嚴重程度；(3)案主的優勢；(4)優勢的強度。類似以下1至5分的簡單尺度最常被使用：

1	2	3	4	5
問題嚴重 ⇒	有些問題 ⇒	無問題也無優勢 ⇒	有些優勢 ⇒	優勢明顯
處於危機中 ⇒	易受傷害 ⇒	穩定 ⇒	安全 ⇒	健全
極高需求 ⇒	高度需求 ⇒	中度需求 ⇒	低度需求 ⇒	極低需求

現在有許多相關的量表可供採用，大多都能對於匱乏與優勢提供有用的資訊（可參見Fischer & Corcoran, 1994; Hudson, 1982）。下面的量表範例可能適用的標的人口群為受暴婦女，其中1=問題嚴重，5=優勢明

顯：

1.居住的品質與穩定性	1	2	3	4	5
2.個人交通的可靠性	1	2	3	4	5
3.工作的穩定性	1	2	3	4	5
4.可獲得升遷的工作技能水準	1	2	3	4	5
5.收入與控制預算的技能	1	2	3	4	5
6.與施虐者關係的安全程度	1	2	3	4	5
7.自信與自尊	1	2	3	4	5
8.家暴方面的知識與體認	1	2	3	4	5

我們可能從上述資料回答下列問題：

・最普遍的問題或匱乏是什麼？（最常得1〜2分的項目）
・最普遍的優勢是什麼？（最常得4〜5分的項目）
・哪些問題或匱乏（如居住或就業）與基本人口統計學或社會生活史因素（如年齡或教育）有關？
・是否有明顯的問題剖析結果或糾結在一起的問題（例如收入預算問題與居住或交通問題有關連）？哪些問題剖析結果與受虐有關？
・是否有明顯的優勢剖析結果，可供我們預測案主能否成功克服受虐陰霾，重建免於暴力的生活？

物質資源：向案主提供現金、食物、衣服等物資時，必須追蹤記錄，以便確定這些資源對正向成果有何貢獻。以下是根據案主需求可能提供的資源：

・參加就業面試或尋找住所時，由志工協助的交通服務。
・適合就業面試時穿戴的衣物。
・案主子女需要的衣物。
・第一個月和最後一個月的公寓租金。

這類物資的數量與提供頻率均須記錄在資料表中。追蹤物資資源可能需要回答以下問題：

· 諸如衣物或交通等資源，能否提高案主面試成功的機率？
· 租屋補助是否有助於案主離開庇護中心後，獲得更穩定的居住環境？

設施：就某方面來說，設施也是為服務案主而使用的資源。設有多所分處的機構可能會發現某些地點或環境提供的服務更容易成功。地點對案主的便利性可能會影響方案成敗。以收容照護服務來說，設施特性（如房間安排、餐食或隱私機會）可能影響案主是否願意全程留置，若能瞭解這些因素將對服務非常有幫助（參見第八章對質性輸出的相關討論）。如果設施成為資料蒐集系統的一部分，可能包含以下幾類：

· 在機構會談使用的機構辦公室。
· 在機構會談使用的機構分處辦公室。
· 家訪使用的案主家。
· 家訪使用的案主親友家。
· 社區中的其他設施。

透過設施資料可探索的問題如下：

· 設施地點與案主確實赴約有關嗎？
· 對於某些案主而言，實施家訪是否會產生較佳的進展？
· 設施地點與案主成果之間有任何關連嗎？

器材設備：器材設備的重要性因不同方案而異。提供交通服務的方案需要有狀況良好的車輛；某些收容照護中心可能需要提供電腦讓住民收發電子郵件或上網找資訊；訓練方案可能需要有好幾種套裝軟體的選擇，才能瞭解哪一套對受訓者最有幫助；家暴防治方案多半要提供手機給受害者，這對保障案主安全非常有用。與設備相關的問題可能包括：

‧提供交通服務是否有助於案主確實赴約？

‧哪類器材設備可促進案主成果？

‧案主目前使用設備的單位成本為何？與其他供應商的價格相比又如何？

工作人員的描述性特徵：這項資料元素比較不會被輸入在方案的資訊系統中，而是記錄在其他地方（如人事資訊管理系統）。一般而言，設計用來記錄方案和服務資料的系統，應有某種機制串聯案主與負責人員的資料（例如透過輸入工作人員的識別編號）。

有時，方案評估人員會想查看成功案例，以確定是否有某種工作人員特徵與成功有關。抓住工作人員的描述性特徵，有助於確定哪方面的人員因素（如果有的話）會影響案主成果。這裏要注意的是，影響成果的「工作人員特徵」（如個案管理者熟悉第二語言的程度），與「工作人員聘僱條件」（如所有個案管理者必須具備雙語能力），兩者之間是有差異的。有時記錄工作人員的人口統計學特徵也很重要，因為有些認證機構可能需要知道工作人員的種族、性別、學經歷背景等因素。常見的工作人員描述性特徵包括：

‧教育程度。

‧擁有的執照或證照。

‧實務工作年資。

‧專業經歷之類別。

‧種族。

‧性別。

可能從中探討的相關問題包括：

‧工作人員的教育程度、經歷，與案主滿意度與成果之間有何關連？

‧工作人員與案主兩方的人口統計學特徵是否存在某種匹配關係？

若有，對服務方案的完成和成果有什麼影響？

方案運作過程

服務工作項目：第八章介紹服務工作項目時，是用來界定助人歷程，並將助人歷程拆解為更小的步驟或階段。這種拆解很重要，因為它能把工作項目跟服務單位量結合，讓資訊管理系統確認某段時間內提供了多少數量的某某工作項目。若不把運作過程細分成各種服務工作項目，整套服務會被系統默認為一項單純且不可分割的工作任務，即個案工作。清楚界定服務工作項目的用處之一，就是得以判斷每項工作任務用掉多少服務單位量（無論是總量或個別工作人員提供的數量）。方案評估者可能會從中瞭解到，若多花些時間在接案和篩選階段，則服務成果愈佳。以家暴防治方案為例，其服務可能包括下列各項：

1.個案管理，可拆解成下列工作項目：
  ・接案。
  ・篩選。
  ・擬定個案處遇計畫。
  ・執行個案處遇計畫。
  ・完成個案處遇計畫。
  ・結案。
  ・追蹤。
2.諮商，可拆解成下列工作項目：
  ・評量。
  ・陳述問題。
  ・分析系統。
  ・設定目的。
  ・執行計畫。
  ・穩定所達成的改變。

・完成計畫。

・結案。

・追蹤。

以上資料元素可以幫助我們回答下列問題：

・每項服務工作項目要花多少時間？

・服務型態是否因工作人員類型或案主類型而有差異？

・各服務工作項目的耗時長短，與成果之間有關連嗎？

　　介入方法：清楚界定介入方法，可讓評估者和工作人員瞭解某類案主是否更適用某種介入方法。例如，若方案想維持或改善老年人的營養狀況，則可以透過集中用膳，也可以送餐到府，也許其中一種方法對某一類老年人更有效。這種發現能讓我們適時調整供餐方式以提高方案成功率。

　　過去十多年來，跨文化諮商輔導已發展出豐富的資訊（參見Gerstein et al., 2009; McAuliffe & Associates, 2008; Pedersen et al., 2008）。這些研究大多涵蓋了基本議題，譬如對文化能力與跨文化界線評估[1]能力的要求，以及面對各個種族或特殊族群需要特別關注的議題。就在思考介入方法的這個時間點，方案設計者應該注意如何將跨文化諮商的議題整合進來。或許當我們考慮到有少數特殊團體時，就有機會納入特定的觀念和方法，或至少懂得留意介入方法是否存在跨文化障礙，別讓案主與諮商員因缺乏某種重要的共同特徵而影響成效。

　　諮商的方法可包括對個體、團體或家庭，有些特定問題可能更適用某種方法。多年來，社工實務累積的研究顯示，確實有些介入措施特別適合某一類型的案主（參見Bennett et al., 2007; Chen et al., 2006）。追蹤介入方法讓我們有機會發現它是否最有效，方案評估者必然會想知道介入方法和成功率之間是否存在什麼關連。

---

[1] 譯註：意指評估者與被評估者分屬不同的文化背景。

針對介入方法所蒐集的資料，或許可以回答下列問題：

・何種介入方法最可能使案主完成服務計畫？

・何種介入方法搭配何種案主會產生最好的成果？

・在跨文化的諮商輔導中，何種方法最有成效？

方案輸出

中間輸出：我們將中間輸出界定為「服務單位量」，可用三種方式測量：時間單位、事件或接觸單位、物資單位。服務工作項目下的任何一項服務舉措都要界定出相應的服務單位。例如，諮商常用「一小時」作為時間單位；洽詢與轉介服務多半以「一人次的諮詢」作為事件單位；提供面試時所需的「一趟車資」，則是物資單位的一種。

評估者通常會想瞭解每週／每月／每年的服務單位量。如果機構平均每天給五十位長者提供一份午餐，則服務單位量可界定為每天五十個單位，或每週（以五個工作天計）250個單位。若個案管理者每週花一小時與庇護中心的住民進行諮商，則評估者會想要知道每週／每月／每年的總諮商單位（時數）有多少。服務單位量是測量方案生產力的指標，也有助於回答下列問題：

・一位個案管理者每週提供的平均服務單位量與數目範圍各為何？

・每週各類服務提供的平均服務單位量與數目範圍各為何？

・各類服務的單位量與案主成果之間有何關連？

最終輸出：我們將最終輸出界定為服務完成量，但每項服務都要進一步界定何謂「完成」。通常這表示一位案主至少必須完成最低量的服務。例如，Safe Haven庇護中心可能將完成職業訓練界定為：案主必須參與90%以上的訓練課程，且必須包括第一堂與最後一堂課。出席狀況必須詳加記錄，以便區分案主是屬於真正完成方案的人，還是方案的「中途退出者」。下列項目是為了測量服務完成可能要蒐集的資料，可從中計算個

別案主的服務完成量，經彙整也可算出整套方案的完成情況。

- ‧規定參與的課堂數。
- ‧實際參與的課堂數。
- ‧規定參與諮商的次數。
- ‧實際參與諮商的次數。
- ‧轉介就業的次數。
- ‧完成就業面試的次數。

這些資訊有助於研判案主是否真正完成了預定的處遇計畫，若未完成，也可進一步探究原因。這時需要回答的問題如下：

- ‧有多少比例的案主完成預定的處遇計畫？
- ‧有什麼因素影響案主的完成或中途退出？
- ‧完成計畫與正向成果之間有顯著的關連嗎？

方案成果

中間成果：中間成果的定義是案主在方案結束時所達成的改變。計算案主成果須從接案時的評量建立基準點，即前測分數。評量方式包括數量統計、標準化測量、功能層級量表、案主滿意度等（參見第八章）。

當我們採用標準化測量或功能層級量表測量中間成果時，會在完成服務當下實施跟接案時相同的測量工具（即前測─後測評量），以推斷案主在接案時的問題是否已經解決，或毫無改善甚至更糟。以Safe Haven的方案為例，個案管理者與案主會在服務完成時重新評量接案時評量的八個因素，再次以1至5的尺度評分，1代表問題嚴重，5代表優勢明顯，假定尺度中之每一分數均有清楚的操作性定義。

1.居住的品質與穩定性	1	2	3	4	5
2.個人交通的可靠性	1	2	3	4	5
3.工作的穩定性	1	2	3	4	5

4.可獲得升遷的工作技能水準	1	2	3	4	5
5.收入與控制預算的技能	1	2	3	4	5
6.與施虐者關係的安全程度	1	2	3	4	5
7.自信與自尊	1	2	3	4	5
8.家暴方面的知識與體認	1	2	3	4	5

　　這類測量是成效導向方案規劃的核心議題。如果一切按計畫進行，最初的評量會顯示出案主的問題與優勢，處遇計畫即把焦點放在解決問題與發揮優勢。若確實實施處遇計畫，案主也完成了所有預定服務且計畫運作良好，問題應該會有所改善。如果個案管理者在過程中蒐集了所有必要的資料，則資料在彙整之後，可使工作人員瞭解方案整體的成效。在此，待回答的問題包括：

- 哪些類型的問題最常被解決？
- 哪些類型的問題最難被改變？
- 在特定問題下，最成功與最不成功的案主類型各為何？
- 不同種族或其他特殊族群之間的服務成果應該要如何比較？

　　最終成果：欲確認最終成果的定義，必須回到方案創建的初衷。以前面的家暴方案為例，它是經州政府批准成立和資助的服務，為了讓遭受伴侶虐待的婦女們自給自足、擺脫暴力，因此這些變項都必須加以測量。最終成果的測量常在方案結束後的追蹤訪談中進行，可使用數量統計、標準化測量、功能層級量表、案主滿意度等評量方法。

　　至於從方案結束到追蹤訪談之間該距離多久，必須由熟悉方案的人員判斷，同時取決於想測量什麼樣的成果。例如，若要測量「不再發生暴力事件」的成果，可能需要一年以上的追蹤期。若最終成果要測量危機人口群的自尊是否提升，或社會焦慮是否降低，則可於方案進行期間先定期使用標準化測量，並在案主同意下，於方案結束後半年至一年之間進行追蹤測量。這裏要注意的是，某些方案像老年長期安養照護，幾乎無法預定「結案」的時間點，案主可能在此終老。這類情況可於完成每一段服務後

207

（例如安養計畫實施一季或一年後）定期測量，以判斷處遇效果是否穩定。

分析這些資料可回答的問題如下：

· 在此方案中，最為成功的是哪種類型的案主？他們具有何種特徵？
· 方案中最無法產生成效的是哪種類型的案主？他們具有何種特徵？
· 哪些服務對方案成功有所貢獻？
· 方案中的哪些元素似乎沒有影響力，需要重新設計？
· 何種類型的案主搭配何種服務組合、多少的服務量，最可能成功？

步驟四：發展分析策略

設計資料蒐集系統的第四步驟，是把步驟三已確認的資料元素用於績效測量、監測及方案評估。前面提過，有些資訊系統會將機構層級的資訊上傳到更大的系統，以便於追蹤整個郡或州層級的記錄。資助方同樣也會要求追蹤、呈報某些資料元素，例如州政府可能要求Safe Haven庇護中心的方案規劃者蒐集特定資訊。此外，機構層級的工作人員，像是方案管理者、行政主管、理監事等等，勢必都需要掌握機構或方案的相關資訊。

在發展分析策略時，必須隨時牢記方案假設，作為分析的基礎架構，也能避免分析當下被一時有趣但與方案意圖無關的問題牽著走。保持資料蒐集系統走在正軌的方式之一，是從各「方案目標」設計出資料蒐集結構。以下示範這種列出目標的格式與做法：

· 成果目標1.1：在20XX年4月1日前（在最終成果之前），至少75%的方案參與者自尊分數至少提高25%，以Hudson自尊量表進行測量。由諮商員負責監測。
· 需要的資料元素：案主編號、前測分數、後測分數。
· 資料來源：諮商員對案主的記錄系統。

・資料呈現與分析：製表列出服務對象編號、前測分數、後測分數，以及前後測分數的差異百分比。

這種方法使資料分析緊貼著方案目標，清楚說明如何從數據導出有關目標實現的發現。除了資助方和方案假設所提出的特別問題之外，**表9-5**列出我們必須反覆探問的一些問題。

表9-5 發展資料分析策略的各項考量

問題	系統部件	範例
案主是什麼類型？	輸入問題	人口統計學、描述性或社會生活史資料。
案主獲得什麼服務？	運作過程問題	諮商、職業訓練。
案主獲得多少服務？	輸出問題	獲得的服務單位量，例如諮商時數或職業訓練課堂數。
得到什麼結果？	成果問題	展現自尊的提升、財務管理技能的提升。
以多少成本？	輸出問題	每堂訓練課程的成本、每位「完成受訓」者的成本。
以多少成本？	成果問題	後續追蹤階段測量每位「成功案主」的成本。

每一組資料元素，合起來形成全部變項列表的重要部分，構成資料蒐集與績效測量系統的基礎。一旦決定好系統要涵蓋的所有變項，接下來就要確認每項分析需要彙整哪幾個變項。切記資訊專家雖然能為方案開發電腦程式系統，但他們仍得靠規劃者明確指出績效測量、監測、評估需要哪些數據。選出的資料元素經過彙整和交叉分析之後，即能顯示服務提供與案主進展之間的關係。這有助於回答步驟二所提出的各項問題與未來的方案修正。

準備報表格式

資料分析呈現的報表是資料彙整後形成的基本文件，通常以行列呈現。報表中的行與列交叉處即形成細格（cell）。系統從原始鍵入資料計算出的數值（例如各個年齡層的非裔美籍、亞裔美籍、拉丁裔、美國原住

民、白人等案主人數）會被填入這些細格當中。

這些報表使原本分散在系統列表中的個別資料元素（如年齡、教育程度或收入），被彙整成更高層次的組合數據或交叉分析表。設計出來的報表應該要能回答步驟一、二、三所提出的問題。有些像微軟的Excel等電子表格程序就足以產生如**表9-6**的內容。至於其他更複雜的系統，可在網路搜尋「儀表板」（dashboards）或「計分板」（scoreboards），即可找到許多範例和選擇。

表9-6　資料分析的報表

	完成IRP的婦女百分比	一年後能自立生活的婦女百分比	一年後仍保有同樣或更佳工作的婦女百分比	一年後未曾通報任何暴力事件的婦女百分比
年齡				
20以下	15	8	16	17
20-24	18	13	11	20
25-29	24	22	31	33
30-34	32	35	21	14
34以上	11	22	21	16
教育程度				
高中以下	18	16	20	11
高中畢業	22	23	25	19
大專肄業	25	29	31	29
大專畢業	35	32	24	41
種族				
非裔美籍	12	26	10	18
亞裔美籍	8	12	18	9
白種人	43	30	36	42
西班牙裔	29	16	30	24
原住民	8	13	6	7

註：IRP = 個人復健計畫。

報表設計若要能夠評量方案的運作過程、輸出、成果，可能會使用到下列變項：

參與

- 至少參與80%財務管理訓練課程的案主人數與比例。
- 獲准進入方案60天內即已發展個人復健計畫（IRP）的案主人數與比例。

知識與技能

- 對家暴議題的知識與體認均展現提升的案主人數與比例。
- 在受訓領域已掌握工作入門技能的案主人數與比例。

建構資料分析報表的過程應該要讓多方參與。雖然系統該回答的問題與報表格式的初稿是由方案規劃者擬出，但應同時徵求機構的關鍵工作人員、理監事等相關人士的審查與意見。對社會問題、族群、方案懷抱不同關注面向的人（如個案管理者、督導、預算人員），常因其關切點、資訊需求不同，而擬出不同的系統問題組合或報表格式。報表的定稿應諮詢資訊技術專業人員的意見，確保它們與使用的軟體相容，能實際產生預期的報表。

步驟五：準備月報表的格式

澳洲政府是不遺餘力採用績效測量原則的國家。依其迄今的經驗，他們的方案規劃者已歸納出五項關於蒐集績效資訊與追蹤方案進展的指導原則：

1. 聚焦在成果：指標應能反映服務目標是否達成。
2. 全面性：所有重要目標均應進行績效評量。
3. 可比較性：不同行政轄區的資料形式應盡可能統一，以利相互比較。

4.進展資料的可獲取性：由於各轄區進度可能不同，數據僅報告那些備妥資料的轄區。

5.時效性：通報的資料應盡量更新到最近，使決策者能做出合適的決定（Steering Committee for the Review of Government Service Provision, 2006, pp. 1.9-1.10）。

　　澳洲的經驗指出，雖然系統開發的過程必然有不完美之處，但仍須盡力符合精確與時效性。如果在前一步驟已確認所有重要的交叉分析，那麼生成的報表應該能夠提供每月追蹤進展的資訊。資料可以採用橫斷分析（cross-sectional analysis）、時間序列比較（time-series comparisons），以及不同資料單位比較的方式呈現（Netting et al., 出版中）。「橫斷分析」是從多個不同的角度在特定時間點對同一群體進行分析，**表9-7**為其範例。

表9-7　Safe Haven中心開案時的橫斷分析

	處於危機中	易受傷害	穩定	安全	健全
居住的品質與穩定性	25%	33%	18%	14%	10%
個人交通的可靠性	10%	27%	33%	15%	15%
工作的穩定性	27%	39%	18%	9%	7%
可獲得升遷的工作技能水準	44%	30%	11%	7%	8%
收入與控制預算的技能	17%	28%	25%	21%	9%
與施虐者關係的安全程度	38%	41%	16%	5%	0%
自信與自尊	21%	32%	34%	16%	7%
家暴方面的知識與體認	19%	25%	32%	10%	14%

　　「時間序列比較」是透過多個時間點的觀察測量來顯示趨勢。它在月報表中特別重要，因為可以追蹤成果目標與過程目標的進展。**圖9-4**即為時間序列比較的範例。

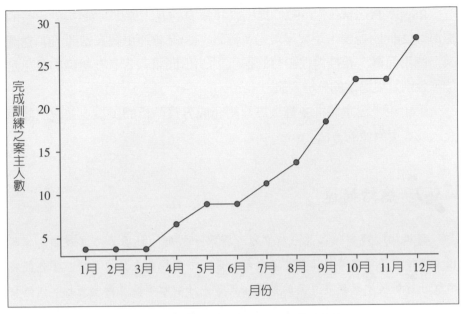

圖9-4　職業訓練完成量的時間序列比較

　　「不同資料單位的比較」是將某一方案的資料與另一區域類似方案的資料相互比較。有些組織會用一種所謂的「標竿技術」（benchmarking）搜尋可比較對照的方案，藉此改善本身的實務工作。若所謂的標竿機構可提供這些資料，即可用來比較。當州層級的方案同時交由多所機構實施，就可進行跨機構比較，以確定每所機構在達成中途稽核點的表現如何。**表9-8**是比較不同資料單位的範例。

表9-8　與其他機構比較接案和追蹤階段安全性之比例

	機構名稱			
	Safe Haven	**The Open Door**	**Family Care Center**	**Transitional Living, Inc.**
接受服務的案主人數	30	22	36	48
接案時安全性處於危機或易受傷害的比例	79%	72%	84%	92%
方案結束後追蹤一年，安全性處於安全或健全的比例	82%	88%	76%	61%

Rapp與Poertner（1992）提出設計報表的五大原則：(1)提供比較的標準；(2)簡明扼要，不要呈現過多資訊；(3)充分運用圖表輔助；(4)在圖表上使用簡單、非技術性語言的標示；(5)依閱讀報告者在組織的角色定位，各別呈現適當的分析資訊。

第十至十三章將從多種觀點介紹完成方案分析的工具，並說明計算介入成本與價值的方法。

總結摘述

經過細心規劃，以及分析問題、需求、族群、社區等方案規劃的相關因素之後，必須靠資料蒐集才能展示成效。方案規劃者始終要謹記，他們將無從分析最後才想到要蒐集的數據。只有先仔細考慮需要哪些資料，同時發展出一套對方案提問的架構，才有可能做出各種方案結論，以告知相關人士想要瞭解的所有方案資訊，包括方案帶來預期改善的能力。我們嘗試提供一種有條理、有系統的方法，去界定要蒐集和分析的資料元素，以避免用碰運氣的方式做腦力激盪。雖然資料元素的數量不至於無窮無盡，但切記本章列出的每項元素並非對每套方案都重要。當規劃者在檢視方案的輸入、運作過程、輸出以及成果的元素時，必須確認分析所需的最低限量以評估方案與機構的負擔。這些主題將在接下來的四章予以討論。

討論案例

　　捷威行為服務機構（Gateway Behavioral Services）過去十八年來一直為藥物濫用者提供服務。早期的案主主要是白人，但之後逐漸意識到他們有需要在非裔美籍居民的社區中深耕服務。於是該機構成立專案小組，由兩位非裔美籍諮商師（一男一女）和一位研究助理組成。專案小組後來提出以下建議：(1)設立一個外展工作者的職務來處理接觸管道障礙的問題；(2)指定文獻資料，收錄在所有諮商師的資料庫中，定期要求他們閱讀文章並向機構人員提供摘要；(3)擬定評估案主世界觀及種族認同的準則；(4)根據每位案主的問題／優勢剖析開發個性化的介入策略模型。該機構執行了此一方案，並在六個月之後準備實施形成性評估。

 問題與討論（依上述案例回答）

1. 工作人員在六個月後實施形成性評估時，需要回答那些問題？這些問題與第一年結束後所進行的總結性評估有何不同？
2. 在外展方案的處理接觸管道障礙方面，您會如何評估成效？
3. 在評量案主的問題與優勢時，會探討哪些關於價值觀以及種族認同的問題？而這些問題又跟詢問其他種族案主的問題有何不同？
4. 如果在設計運作過程時，主要的變革之一是案主與諮商師會花費大量時間建立有效的溝通，並探索案主對目前自身處境的看法，請問您會如何界定這個服務工作項目？
5. 如果最終成果是讓案主完全脫離依賴（最理想的預期），或能足夠獨立到保有一份工作並履行家庭責任（退求其次的預期），那麼可能會期待哪些中間成果？

參考文獻

Bennett, L., Stoops, C., Call, C., & Flett, H. (2007). Program completion and re-arrest in a batterer intervention system. *Research on Social Work Practice, 17*, 42–54.

Carrilio, T. (2005). Management information systems: Why are they underutilized in the social services? *Administration in Social Work, 29*(2), 43–61.

Chen, S., Jordan, C., & Thompson, S. (2006). The effect of cognitive behavioral therapy (CBT) on depression: The role of problem-solving appraisal. *Research on Social Work Practice. 16*, 500–510.

Fischer, J., & Corcoran, K. (1994). *Measures for clinical practice: Vol. 1. Couples, families and children.* Free Press.

Gerstein, L., Heppner, P., Aegisdottir, S., Leung, S., & Norsworthy, K. (2009). *International handbook of cross-cultural counseling: Cultural assumptions and practices worldwide.* SAGE.

Hatry, H. (2011). Outcomes measurement in the human services: Lessons learned from public and private sectors. In J. Magnabosco & R. Manderscheid (Eds.), *Outcomes measurement in the human services* (2nd ed., pp. 17–29). National Association of Social Workers.

Hudson, W. (1982). *The clinical measurement package: A field manual.* Dorsey.

McAuliffe, G., & Associates . (2008). *Culturally alert counseling: A comprehensive introduction.* SAGE.

Netting, F., Kettner, P., & McMurtry, S. (in press). *Social work macro practice* (6th ed.). Pearson.

Pedersen, P., Draguns, J., Lonner, W., & Trimble, J. (2008). Counseling across cultures (6th ed.). SAGE.

Rapp, C., & Poertner, J. (1992). *Social administration: A client-centered approach.* Longman.

Reid, W. (1992). *Task strategies: An empirical approach to clinical social work.* Columbia University Press.

Saleeby, D. (1992). *The strengths perspective in social work practice.* Longman.

Schoech, D. (1999). *Human services technology: Understanding, designing, and implementing computer and Internet applications in the social services.* Haworth Press.

Steering Committee for the Review of Government Service Provision. (2006). *Report on government services 2006.* Productivity Commission.

Suchman, E. (1967). *Evaluative research.* Russell SAGE Foundation.

第四篇

計算介入的價值與成本

- 績效測量、監測及方案評估
- 影響性方案評估與假設檢驗
- 以財務控制、管理及規劃為目的之預算系統
- 發展逐項、功能及方案預算系統

SERVICE

RELATIONSHIP

QUALITY

HEL

SUPPORT

SOLUTION

ASSISTANCE

GUIDE

Chapter **10**

績效測量、監測及方案評估

本章綱要

本章目的是說明：

· 績效測量、監測及方案評估
· 為了執行上述功能而需要的各種資料類型
· 資料使用的方式。

本章涵蓋的主題包括：

· 績效測量、監測、評估與資訊系統之間的連結
· 回饋與自我評估系統
· 績效測量
· 監測
· 方案評估
· 方案資料的要求
　覆蓋範圍資料
　公平性資料
　過程資料
　效力（輸出）資料
　成本效率資料
　結果（成果）資料
　成本效能資料
　影響力資料
· 績效測量、監測、方案評估與方案資料
· 績效測量、監測及方案評估的用途
· 總結摘述
· 討論案例
· 問題與討論

 績效測量、監測、評估與資訊系統之間的連結

　　雖然本書到最後才討論績效評估、監測及方案評估的主題，但它們是整個成效導向方案規劃過程不可或缺的部分。先前介紹的內容（包括需求評量、方案設計、設定目的與目標等），可以說是替績效測量、監測及方案評估而設的鋪墊。透過評量工具，人群服務機構可自我監控其方案，同時滿足資金來源所要求的績效評量與評估要求。

　　人群服務機構的績效測量、監測及方案評估系統，應與資訊管理系統緊密相連。這也代表規劃過程中必須預先表明：為了績效測量、監測及方案評估，該蒐集什麼類型的資料（Center to Improve Program & Project Performance [CIPP], 2018; Hatry, 2014）。

　　尤其以監測而言，人群服務機構必須有最新甚至是即時的績效資料，才能充分履行這項關鍵的功能。過去機構通常要等方案實施一段時間後，才開始考慮如何進行績效測量、監測及方案評估，這幾乎等於宣告拿不出真正需要的資訊數據。事後亡羊補牢重建資料絕對不是好辦法。

 回饋與自我評估系統

　　本書通篇都用系統架構圖[1]思考如何規劃成效導向的方案。**圖10-1**再次利用它來說明自我學習系統與回饋在成效導向方案規劃中的重要性。「自我學習系統」（self-learning systems）有時也被稱為「啟發式系統」（heuristic systems），強調的是從做中學。自我學習系統蒐集、分析有關自身運作的數據與資訊（回饋），然後用它們來調整方案運作。例如恆溫

---

[1] 譯註：在本書就是指邏輯模式。

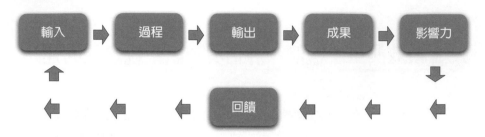

圖10-1　系統架構、回饋及自我學習系統

器就是一套自我學習系統，它會監測室內溫度，再視需要調整空調，以保持舒適的環境。如果我們把服務方案看成自我學習系統，那麼績效評估、監測及方案評估數據就提供了有關方案運作與功能的回饋。這些回饋又成為新的輸入資料，用於修正或完善方案的設計與執行。如**圖10-1**所示，方案的輸出（包括品質輸出）與成果可提供回饋，而這些回饋可用於績效測量、監測及方案評估。

績效測量

「績效測量」是對方案完成度的持續報告，尤其是針對方案的輸出（效率）、品質及成果（成效）（Martin & Kettner, 2010; McDavid et al., 2019）。如**表10-1**所示，績效測量的主要用途是對外報告。若從應用的範疇而言，它同時包含財務與管理層面。績效測量的核心思想是：接受政府資助的機構與方案，包括人類服務機構和方案，必須蒐集績效的資訊數據，並呈報給相關人士（例如資助方、案主、民意代表、倡議團體、公民）。

績效測量使政府資助的方案更加透明，讓相關人士更瞭解這些方案如何運作，以及它們如何改善人民與案主的生活。這類資訊有助於維持甚至提高相關人士對人群服務方案的支持。

表10-1　績效測量、監測及方案評估的比較

	績效測量	監測	方案評估
分析單位	方案	方案	方案
主要目的	對外報告	方案管理	改善方案與策略
應用範疇	財務／管理面	管理面	策略／規劃面
資料的使用	對外部相關人士回饋方案績效（輸出、品質及成果）。	對機構管理者回饋方案運作（過程、輸出、品質及成果）。	對策略制定者與規劃者回饋方案結果、完成度及影響力（成果）。

　　績效測量要能回答相關人士常提出的一些問題：方案提供了多少產品或服務（輸出）？產品或服務的品質（品質輸出）如何？多少案主完成處遇（服務完成）？方案實現了哪些成果（中間與最終成果）？方案的成本效率與成本效能如何？

　　績效測量已經在聯邦政府層級制度化，這得益於1993年的「政府績效與成果法案」（GPRA）。GPRA要求所有聯邦機關部門每年要蒐集呈報各種方案的績效測量資料。2010年的GPRA現代化法案（Public Law 111-352）及聯邦預算管理局近期發布的指導文件（OMB, 2021）重申了聯邦政府落實績效測量的承諾。

　　政府會計準則委員會（GASB）為州政府與地方政府制定所謂的「最低標準之會計原則」，也鼓勵這些政府機關進行績效測量。GASB認為，如同企業要向股東報告經營績效，州政府與地方政府也應該向社會大眾報告類似的績效資料。而政府為了蒐集及提報這些資訊，勢必要有資助機構或計畫承包機構的配合。

　　全美聯合勸募協會及其他民間基金會（例如Bill & Melinda Gates基金會、Robert Wood Johnson基金會）的努力亦不容忽視，他們經常要求資助機構和承包機構提報績效測量資料（Hatry, 2011）。由於這些經費資助方的影響，現在大多數的非營利組織多少都會測量績效。

　　這裏要注意，績效測量只關注績效數據資訊的蒐集提報，並不涉及下列問題：方案是否按規劃實施？方案是否達到預期結果？方案造成什麼

影響力？要想獲得這類問題的回饋，人群服務機構必須另外進行監測與方案評估。

監測

　　監測是評量方案是否按原定計畫實施，也評量方案對標的人口群做了多少服務（Rossi et al., 2019）。由於監測與方案執行同步進行，所以有些著作也稱之為「形成性評估」（McDavid et al., 2019）。「監測」的英文（monitoring）源自拉丁文monere，意謂「警示」。監測提供回饋，一旦方案執行偏離原定設計，就可提醒管理人員修正並使方案重回軌道。監測的主要目的是方案管理（見**表10-1**），因此應用範圍以管理層面為主，它向管理人員提供的回饋可回答下列問題：方案是否正按照設計實施？方案滿足了多少社區需求？是否只有符合資格的標的人口群成員才得到服務？對於更細的特定地理區域或次族群（例如少數族群、女性、身心障礙者），服務量是否合理安排？方案提供哪些產品或服務？數量又有多少？以輸出與成果來看，方案達成那些結果？在方案輸出（包括品質輸出）與成果的評量上，監測跟績效測量有些重疊。

　　績效測量與監測都涉及輸出、品質及成果，也都涉及成本效率與成本效能。兩者差異在於：績效測量關注向外部相關人士報告回饋的數據資訊，而監測關注的是把回饋的數據資訊用於內部追蹤方案實施情況，在必要時進行變更或改進。

　　監測也為方案評估奠定基礎，因為它能幫助服務方案按照預定實施。若方案沒照著原定設計走，方案評估就無法發揮實質作用。

方案評估

　　方案評估可界定為：用社會科學技術來判斷人群服務方案的運作與成效（Rossi et al., 2019）。方案評估關切的是方案的影響力，而確認影響力則需要建立因果關係，也就是在排除其他外部因素的影響後，方案（原因）應該可以解釋展現的成果（結果）。由於建立因果關係並不容易，因此方案影響力的評量通常要搭配社會科學的研究與統計技術。

　　方案評估的主要目的（見**表10-1**）是提供有關結果、完成度或影響力（以上皆為成果）的回饋，使策略制定者與規劃者得知方案的成效，以及背後的社會介入假設是否正確。方案評估要處理的問題如下：方案運作是否如所預期發揮作用？方案達成什麼結果或完成度（成果）？方案產生什麼可測量的影響力（成果）？方案的支出有成效嗎？方案評估也可以發現預料之外的正負面結果，從而調整或改進處理社會問題的策略或方案設計。

　　就結果、完成度或影響力（成果）的評量而言，方案評估多少與績效測量或監測有所重疊。差別在於：方案評估不對外部相關人士報告績效（績效測量），也不去追蹤方案即時的實施狀況（監測），而是利用方案成果的回饋資訊，來改善策略與規劃。方案評估與監測的不同之處在於，監測與方案執行同步進行，而方案評估可在方案執行的同時（形成性評估）或事後（總結性評估）進行。

方案資料的要求

　　到目前為止，讀者應該可以看出整套「方案評量」（program assessment）的組成包括績效測量、監測及方案評估三大部分。加上資訊

系統和儀表版的使用，人群服務機構與方案可確保：(1)蒐集績效的數據資訊並呈報給外部相關人士；(2)進行持續的方案監測；(3)進行方案評估。

　　為符合績效測量、監測、方案評估的要求，人群服務機構需要蒐集的方案資料類型包括：覆蓋範圍、公平性、過程、效力、成本效率、結果、成本效能、影響力等八種。雖然這八種類型不能完全涵蓋所有的方案資料，但它們是績效測量、監測及方案評估最關切的資料類型。以下將介紹這八種資料類型，並說明它們要處理哪些評估問題（參見**表10-2**）。

表10-2　各種方案資料類型涉及的評量問題

方案資料類型	涉及的評量問題
覆蓋範圍	方案滿足社區需求的程度有多高？
公平性	對於更細的特殊地理區域或次族群（如少數族群、女性、身心障礙者），服務程度有多合理？
過程	方案在服務定義、服務工作項目、標準及其他服務提供要求方面，按照原定計畫實施的程度如何？ 方案的實施過程與當地文化的契合度有多高？
效力（輸出）	方案在下列各項目的產出程度為何？ ・產品或服務量（中間輸出）。 ・產品或服務品質（品質輸出）。 ・服務完成量（最終輸出）。
成本效率	・中間輸出的單位成本為何？ ・品質輸出的單位成本為何？ ・服務完成的單位成本為何？
結果（成果）	・中間成果的達成程度為何？ ・最終成果的達成程度為何？
成本效能	・中間成果的單位成本為何？ ・最終成果的單位成本為何？
影響力	方案達成多大之可測量的影響力？

覆蓋範圍資料

　　覆蓋範圍資料提供下列問題的回饋：(1)方案滿足社區需求的程度有多高？(2)方案觸及標的人口群的程度有多高？在方案執行期間進行監測

時，覆蓋範圍資料不僅可用來判斷方案觸及多少標的人口群，也能用來確保不符合資格設定的人不在服務對象中。在方案結束或特定的段落終點（例如會計年度末），覆蓋範圍資料可用於方案評估，以記錄只有符合資格的案主得到服務，並評量目前方案的經費與服務程度是否滿足社區需求。

公平性資料

公平性資料提供回饋涉及特定次區域或次族群（如少數種族、女性、身心障礙者、兒童或老年人）獲得服務的程度。除非方案原本就鎖定特定次區域或次族群，否則每個區域或次族群得到的服務比例應與人數比例相當。公平性資料在方案執行期間（監測用途）或方案結束時（方案評估用途），可用來確保各次區域或次族群均有適切的覆蓋範圍。若在績效測量中使用公平性資料，則可幫助相關人士瞭解方案輸出、品質輸出、成果等各方面在各次區域或次族群的分布情形。

過程資料

過程資料提供方案是否按照設計實施的回饋（監測）。在方案執行間，過程資料可用來比對實際服務輸送與規劃時的設定，以確保實際服務符合服務定義、服務工作項目、服務標準、服務規格以及其他服務要求。在方案結束時，過程資料可用來研判和記錄方案是否按照預計執行（方案評估）。

過程資料也可用來監測人群服務方案的執行有多符合文化能力的要求，確保在服務定義、服務工作項目、服務標準、服務規格及其他服務要求都考慮到服務對象的特殊習俗與需求。

效力（輸出）資料

效力（輸出）資料可提供下列回饋：方案產品與服務量（中間輸出）、產品與服務的品質（品質輸出）、服務完成量（最終輸出）。在方案執行過程中，監測效力資料可比對實際效力與預期效力，在實際效力不足時進行補救。方案結束時，效力資料可用來記錄服務提供的程度（方案評估），也可作為績效測量報告之用。效力資料亦可用於判定方案的成本效率。

成本效率資料

成本效率資料提供服務或產品的實際成本資訊回饋，包括中間輸出、品質輸出及最終輸出（服務完成）的成本。成本效率資料包含每一種輸出（中間、品質及最終輸出）的成本計算。在執行方案時，可比對實際成本效率資料與預定成本效率的差異（監測）。等到方案年度結束時，成本效率資料可以用來評量方案的生產力，而此一資料也是績效測量報告所需的資訊。

結果（成果）資料

結果（成果）資料提供方案實現多少預期成果（包括中間成果與最終成果）的回饋。在方案年度結束時，結果資料可呈現方案實現結果的記錄，以供方案策略與規劃之用。結果資料也是績效測量報告所需。最後，結果資料還能用於判定方案的成本效能。

成本效能資料

成本效能資料提供方案成果（包括中間成果與最終成果）的實際成本資訊回饋。成本效能資料會計算出中間成果或最終成果的單位成本。一般只有在方案年度結束時提供（方案評估），用來記錄達成結果（成果）的成本，除了供方案策略與規劃之用，也能用在績效測量報告。

影響力資料

影響力資料的回饋牽涉一個最難以評量的問題：案主在參與方案後，發生的哪些改變是沒有參與方案就不可能有的？為回答這個問題，通常要會用社會科學研究技術來生成影響力資料，包括建立對照組進行比較，並運用統計技術來測量影響力大小。建立影響力資料是相當困難的工作。然而，現實的資源限制迫使方案與機構必須設法充分利用資源，而影響力資料可讓人群服務機構主管從明確的社會科學證據中，看到方案對案主們實現多少可測量的影響力。

 # 績效測量、監測、方案評估與方案資料

如**表10-3**所示，績效測量、監測及方案評估在使用的資料上均有部分重疊，尤其監測與方案評估之間最為明顯，而績效測量也跟另兩者有一定程度的重疊。

表10-3　績效測量、監測、方案評估使用的方案資料類型

方案資料類型	績效測量	監測	方案評估
覆蓋範圍		×	×
公平性		×	×
過程		×	×
效力（輸出）	×	×	
成本效率	×	×	
結果（成果）	×	×	×
成本效能	×	×	×
影響力	×		×

　　資料類型的重疊讓我們觀察到一項重要事實：就使用的方案資料類型而言，績效測量、監測及方案評估之間的主要差異不在於使用的資料「類型」，而是在使用資料的「時機」（when）與「方式」（how）：績效測量把資料用在對外報告，監測在方案執行期間同步使用資料進行管理，方案評估則在方案執行後為了策略與規劃目的而使用資料。

 ## 績效測量、監測及方案評估的用途

　　對於任何回饋系統而言，真正的考驗是它取得的數據與資訊是否有用。前面章節曾反覆強調成效導向方案規劃的關鍵問題是：

- ・案主的類型為何？
- ・其所面臨的問題類型為何？
- ・接受什麼類型的服務？
- ・服務的結果為何？
- ・服務的成本為何？

　　上述問題的回答所產生的方案回饋數據與資訊在很多方面都非常有用：

第一，也是最重要的一點，方案的回饋資料提供人群服務機構的主
　　管、方案管理者、方案工作人員所需的資訊。
第二，方案回饋資料滿足資助方的呈報要求，包括聯邦、州及地方
　　各級政府，還有聯合勸募協會或其他基金會的要求。
第三，方案的回饋資料滿足外部相關人士的各種需求。

　　人群服務機構面臨政治環境可能是紛擾的、高要求的、令人灰心
的，甚至是非理性的。每位人群服務機構的行政主管都曾感到無助，因為
他們面對某些民意代表、記者或利益團體的各種問題時，可能無法回答為
什麼做或不做某些事。面對這些提問時，即可借重方案評量得到的數據資
訊。當然，光靠數據與資訊無法保證滿足各方期待，但至少提供了一個有
憑據的回應基礎。這些數據與資訊同時也可以用來推廣一套人群服務方
案，以爭取更多的社區支持。

 **總結摘述**

　　績效測量、監測及方案評估的性質相近，都是利用數據與資訊來評量
人群服務方案。它們產生的數據資訊形成回饋，而這些回饋的三種使用方式
各自對應於績效測量、監測及方案評估的主要目的。績效測量的主要目的是
對外報告，使用方案效率（輸出）、品質及成效（成果）等回饋資料；監測
的主要目的是方案管理，在方案執行期間同步評量方案的效率（輸出）、品
質、成效（成果）、成本效率及成本效能，確保方案按照預定計畫實施；方
案評估主要是為了策略與規劃的目的，而去評量方案結果、完成度及影響力
（成果）。

討論案例

　　聯邦的《美國老人法案》（Older Americans Act, OAA）提供經費給各種服務以滿足美國老年人的需求。OAA最重要的服務之一是營養方案，它向符合資格的老年參與者提供聚餐與送餐服務。該方案背後的理論是：若每週五天至少提供一頓熱食來改善老年人的營養狀況（中間成果），則將改善他們的整體健康與幸福感（最終成果）。

 問題與討論（依上述案例回答）

　　如果您是一位OAA資助的方案管理者，要在一個種族非常多元化的小型農村社區實施用餐計畫，該社區包括非裔美國人和西班牙裔美國人等不同族群。請問為了處理以下問題，您需要蒐集哪些類型的資料？

1.該提供的服務量。

2.瞭解方案對各種族的服務程度。

3.瞭解服務提供的結果。您要如何判斷方案參與者的健康與幸福感是否有所提升？

參考文獻

Center to Improve Program & Project Performance (CIPP). (2018). *Grantee guide to program performance measurement.* https://osepideasthatwork.org/sites/default/files/CIP3_2018_Grantee_Guide_to_Performance_Measurement.pdf

Governmental Accounting Standards Board (GASB). (n.d). *Service efforts and accomplishments reporting.* http://gasb.org/cs/ContentServer7c=GASBContent_C&pagename=GASB%2FGASBContent_C%2FProjectPage&cid=1176156646053

Hatry, H. (2011). Outcome measurement in the human services: Lessons learned from public and private sectors. In J. Magnabosco & R. Mandercheid (Eds.), *Outcomes measurement in the human services* (pp. 17–29). NASW Press.

Hatry, H. (2014). *Transforming performance measurement for the 21st century.* Urban Institute. https://www.urban.org/sites/default/files/publication/22826/413197-transforming-performance-measurement-for-the-21st-century.pdf

Martin, L., & Kettner, P. (2010). *Measuring the performance of human service programs* (2nd ed.). SAGE.

McDavid, J., Huse, I., & Hawthorn, L. (2019). *Program evaluation and performance measurement: An introduction to practice* (3rd ed.). SAGE.

Office of Management & Budget (OMB). (2021). *Implementation of performance management statutes.* [M-21-13]. https://www.whitehouse.gov/wp-content/uploads/2021/01/M-21-13.pdf?etrid=54923935&et_cid=3635904

Rossi, P., Lipsey, M., & Henry, G. (2019). *Evaluation: A systematic approach* (8th ed.). SAGE.

SERVICE

RELATIONSHIP

QUALITY

SUPPORT

SOLUTION

ASSISTANCE

GUIDE

Chapter **11**

影響性方案評估與
假設檢驗

本章綱要

本章目的是說明：

- 影響性方案評估
- 理論成功、理論失敗及方案本身的失敗
- 理論（原因）、介入（方案）及結果（成果）三者與邏輯模式的關係
- 方案失敗的兩大理由
- 影響性方案評估的主要類型

本章涵蓋的主題包括：

- 影響性方案評估與績效測量的差異
- 影響性方案評估
- 影響性方案評估與假設檢驗
- 影響性方案評估的研究設計
  單組前／後測設計
  不對等比較組設計
  隨機實驗設計
- 總結摘述
- 討論案例
- 問題與討論

 影響性方案評估與績效測量的差異

　　本章要探討的是我們稱之為「影響性方案評估」（impact program evaluation）的特殊評估。影響性方案評估的重點並非放在組織或社區的改變，而是放在方案參與者的改變，它要回答這項問題：這套方案是否為參與者實現了正向結果（成果）？在深入討論影響性方案評估之前，最好

先區分它與績效測量的差異。由於影響性方案評估與績效測量能夠、也經常會使用同類型的數據與資訊，因此人們常常混淆兩者（Magnabosco & Manderscheid, 2011; Martin, 2021; Martin & Kettner, 2010; Nielsen & Ejler, 2008）。

McDavid等人（2019）曾提出影響性方案評估與績效測量的主要差異（參見**表11-1**）。

- 頻率：影響性方案評估通常是單一事件，而績效測量則在方案運作中持續進行。
- 議題：影響性方案評估的施行通常是因應特定外部人士的提問（例如：方案能不能發揮效用？方案對參與者的生活改善了多少？），而績效測量處理的則是相對固定且一般性的績效議題（例如：方案是否達到輸出、品質及成果目標？）。
- 成果歸因：影響性方案評估關切的是確定方案本身是否真正導致了結果（成果），又或該結果（成果）是由外部因素造成？績效測量則已經預先假定方案本身即是導致成果發生的原因。

表11-1　影響性方案評估與績效測量的差異

	影響性方案評估	績效測量
頻率	單一事件。	持續進行。
要回答的議題	設計目的是在特定時間點回答特定相關人士的問題。	設計目的是為了平時即需回答的一般性績效議題。
成果的歸因	待決定。	已假定。

資料來源：摘自McDavid, J., & Hawthorn, L. (2013). *Program Evaluation & Performance Measurement*. (2nd ed.). SAGE.

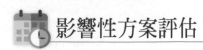 影響性方案評估

影響性方案評估試圖證明結果（成果）可直接歸因於該方案，而非由其他變項造成，它要在方案及其結果（成果）之間確立因果關係。影響性方案評估能夠說明：(1)方案是成功的，或者(2)方案失敗是因為理論上的失敗，又或者(3)方案失敗是因為方案本身的失敗。**圖11-1**說明了這三種可能性。這三種結果都與人群服務方案背後的介入假設與方案設計的執行方式有關。

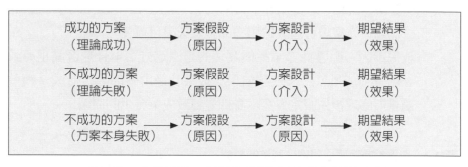

圖11-1　方案假設、方案設計及期望結果之間的關係

若以邏輯模式的用詞來說，成功的方案是方案假設（理論）、方案設計（原因）及方案結果（成果）之間依序緊扣。我們可以稱之為理論的成功。而不成功的方案出於兩個原因之一：理論的失敗，或方案本身的失敗。

‧「理論的失敗」是雖然方案假設（理論）與方案設計（原因）之間前後緊扣，但方案照著執行後卻無法產生期望結果（成果）。之所以稱為理論的失敗，是因為若假設正確，則方案設計的執行（原因）應能產生期望效果（成果）。由於期望效果（成果）並

未發生，假設未得到支持，因此理論也沒有得到支持。

· 「方案本身的失敗」是方案假設（理論）與方案設計的執行（原因）之間脫鉤了，導致未能產生期望效果（成果）。這種情況不讓人意外，當一套方案未能按照原定規劃實施，結果就很可能失敗。

這裏的重點是：當方案由於理論失敗而未能達成期望結果（成果）時，其結果仍然是有效的方案檢驗依據。我們可以從這項結果對方案進行其他推論，因為檢驗本身是有效的，我們依舊可從理論失敗中學習，就跟從理論成功中學習一樣。然而，當方案是因為方案本身的失敗而未能達成期望結果（成果）時，該方案並沒有經過適當的檢驗。只要方案未按照原定計畫執行，就不能從方案最後的成敗推論方案原始設計或假設是否正確。

 ## 影響性方案評估與假設檢驗

第六章曾提到方案規劃是一種產生假設的活動，而影響性方案評估則是一項檢驗假設的活動。方案假設具備以下特性：(1)明確指出人群服務方案期待結果（成果）的假定；(2)建立了一套架構，以確保人群服務方案的實施具有內部一致性；(3)可以從輸入、過程、輸出、成果檢查方案內部的一致性。

第六章曾對家暴議題提出詳盡的假設。當時的論點是遭受家暴的婦女面臨多種自立生活的障礙（例如低自尊、社交孤立、缺乏財務來源、基礎教育不足，以及欠缺就業技能等），因此建議（假設）：若能找出各項主要障礙，加上若我們能透過設計完善且執行澈底的人群服務方案，成功排除或減少這些障礙，則參與者的生活應該會出現正向改變，從而提高自立程度。

圖11-1的第一條「成功的方案」路徑描繪出理想狀況。套在家暴議題

上，其假設是：若適當地設計實施基本教育與職業訓練方案，則更多的家暴受害婦女能找到工作、更能自立生活。方案在這條路徑上按照設計實施（確實提供基本教育與就業訓練服務），也達成了期望結果（成果），亦即參與者得到工作並更能自立生活。我們可以從這項結果得出結論：該假設得到支持。但人群服務方案也可能因為理論或執行上的缺失，而無法達成期望結果（成果）。

圖11-1的第二條路徑是「不成功的方案（理論失敗）」，也就是人群服務方案確實按照設計實施，卻沒有達成期望結果（成果）。理論失敗是因為方案背後的假設存在缺陷，也就是原本以為的因果關係並不成立。這裏的方案假設是相同的：若適當地設計並實施基本教育與職業訓練方案，則更多的家暴受害婦女能找到工作、更能自立生活。方案在此雖按照設計實施（確實提供基本教育與就業訓練服務），但很少參與者因此找到工作，甚至更少人能自立生活。從這項結果得出的結論是：該假設並未得到支持。

圖11-1的第三條途徑是「不成功的方案（方案本身失敗）」，也就是方案未按照設計實施。在這種情況下，我們無法對方案結果（成果）做出任何評論。這時無論方案結果（成果）是否達成，其成敗都不能歸因於方案的作用。如果這邊的方案假設依舊相同：若適當地設計並實施基本教育與職業訓練方案，則更多的家暴受害婦女能找到工作、更能自立生活。然而，如果方案沒有按照設計實施（可能是因為經費遭刪減），方案只提供基本教育服務而沒有職業訓練，那麼不管最後結果如何，都無法從中得知方案假設是否正確，因為假設並未經過適當的檢驗。這種情況下，方案失敗無法被歸因於理論上的缺失，而是原始方案設計的執行不力所致。

 # 影響性方案評估的研究設計

影響性方案評估的本質是「比較」（comparison）。比較的目的是從有或無參與方案的對比中，盡可能確定參與者身上發生什麼事？是否有改善？改善了多少？我們怎麼知道改善是由方案而非其他因素引起的？提出這些問題不僅不容易，要回答更是困難。影響性方案評估通常有兩種比較方式：

1. 一個群體與自身比較。
2. 比較兩個不同的群體。

在第一種情況下，一個單獨的群體同時被當成實驗組，也作為自身的對照組。在第二種情況下，一個群體作為實驗組，而另一個不同的群體作為對照組。設定對照組是為了確定所謂的「反事實情況」（counterfactual）。反事實情況是如果參與者不參加方案會發生什麼情況的證據（McDavid et al., 2019），它可用來比較估計人群服務方案對參與者的影響。

目前有多種影響性方案評估（研究）設計可供選擇，至於要用哪一種則視現況、可用資源以及人群服務機構管理者的專業而定。這些研究設計在複雜性、時效性、成本、適用性，以及結果的潛在用途等方面各有不同。影響性方案評估可能是複雜艱鉅的任務，若要成功評估就須務實、投入且具有豐富的知識。**表11-2**列出人群服務方案經常使用的三種影響性方案評估設計：(1)單組前／後測設計；(2)不對等比較組設計；(3)隨機實驗設計。

表11-2　影響性方案評估的三種類型

類型一：單組前／後測設計		O1	X	O2
類型二：不對等比較組設計		O1 O3	X	O2 O4
類型三：隨機實驗設計	R R	O1 O3	X	O2 O4

在此先解釋**表11-2**中的符號意義。「X」代表對某群體實施一套人群服務方案；「O」代表對某群體特徵（如態度、行為、狀態、知識、條件等）的觀察或測量；「R」代表隨機分派。隨機分派留待本章後面再仔細說明。**表11-2**的時間順序是從左到右。

單組前／後測設計

首先，在「單組前／後測設計」的影響性評估設計中，單一群體同時充當實驗組和自身的對照組。在參與者開始接受方案之前進行初始測量或觀察（O1），稱為「前測」。測量或觀察的標的與方案想改變的案主特徵（如態度、行為、狀態、知識、條件等）有關。初始測量或觀察（O1）會成為之後用來比較的基準。接下來，參與者接受方案（X），等完成方案或是接受完整服務後，進行第二次測量或觀察（O2），稱為「後測」。前測與後測的內容相同，只是在不同時間點進行。

以年輕母親的親職技巧訓練為例，從影響性方案評估的角度來看，想回答的問題是：參與該方案的年輕母親能提升其親職技巧知識嗎？利用「單組前／後測設計」，參與者要先做一份書面前測（O1），以測量她們現有的親職技巧知識。接下來，這些年輕母親接受方案訓練課程（X），等她們完成方案或上完全套課程後，再做一次同樣的書面測驗，這次稱為後測（O2）。注意前測與後測不一定是書面測驗，也可以是任何形式的測量或觀察，只要前後保持一致即可。

現在可以來處理影響性方案評估的問題了：參與該方案的年輕母親

能提升其親職技巧知識嗎？答案是經由比較後測分數（O2）與前測分數（O1）來確定。前後的改變（我們希望是正向的）於是被「歸因」於參與了該方案。此過程可以用以下簡式來表示：

改變＝O2–O1

舉例來說，如果一位年輕母親在後測（O2）得到75分，在前測（O1）得到50分，那就可以下結論說她在親職技巧知識進步了25分。反事實情況在這裏是「如果這位母親沒參與該方案會測得的狀況，也就是跟這25分進步程度的差別。為了保護個人隱私，我們在現實上當然不會討論個別案主的分數，而是彙整所有案主的數據，然後比較後測分數平均值與前測分數平均值（算術平均數以符號$\overline{X}$表示）。此過程可以用以下簡式來表示：

改變＝$\overline{X}$O2–$\overline{X}$O1

雖然「單組前／後測設計」可建立反事實情況，但我們無法斷定前後測的差異是方案產生的結果（或成果），有可能是其他會影響方案或參與者的混淆因素所致。因此我們才說真正要觀察的是能「歸因」於方案的改變。為了更確定該方案真的引發改變，必須處理所謂的「內在效度威脅」（threats to internal validity）。加拿大國庫委員會（The Treasury Board of Canada, 年份未知）指出了幾項重要的內部效度威脅來源，包括：歷史、成熟、流失率、選樣偏誤、方案的擴散或仿效、測驗過程、測量工具。**表11-3**列出這些威脅的定義。

不對等比較組設計

第二類影響性方案評估設計是「不對等比較組設計」。這種設計開始處理內在效度威脅的課題。在這種設計中，實驗組並非自己的對照組，而是創建兩個獨立且不同的組別。第一組是「實驗組」，由參與方案的人

表11-3　主要的內在效度威脅來源

歷史	方案之外的事件對實驗組與對照組分數造成不同影響。
成熟	單純的時間流逝分別對實驗組與對照組分數造成不同影響。
流失率	實驗組與對照組的參與者流失率有差異，讓兩組分數分別受到不同影響。
選樣偏誤	實驗組與對照組的成員在所有重要因素上並非完全對等。
方案的擴散或仿效	對照組的個別成員不知何故知道了本來只為實驗組準備的方案資訊。
測驗過程	前測分別對實驗組或比較組造成不同程度的學習效應。
測量工具	前測的實施分別對實驗組與對照組造成不同影響。

組成；第二組是「比較組」，由與實驗組「在統計上相似」的人組成，但不參與方案。「在統計上相似」的意思是對照組成員的特徵在全體表現上與實驗組成員基本上相同（例如年齡、種族、性別）。例如，對照組的成員可能是：(1)符合方案參與的資格但由於方案經費不足無法將其納入服務；(2)符合方案參與資格但沒想參與方案；(3)符合方案參與資格但因某種原因被取消資格的人。

　　對照組可能會接受其他類型的方案，而不是完全未參與任何方案。這樣可避免為了實驗而對某些人隱瞞服務的倫理問題。不對等比較組設計可處理兩種重要的內部效度威脅（選樣偏誤與測驗過程）。設法讓兩組成員之間在統計上盡可能相似，也就控制了選樣偏誤。同時，讓兩組都接受前測也可控制「測驗效應」（做前測的過程會有學習或記憶效果而影響後測），因為兩組都做了前測，所以即使有測驗效應也不會產生兩組之間的差異。方案的影響可由「實驗組前後測分數之間的平均差」減去「對照組前後測分數之間的平均差」計算而得。若以公式來表示，可以寫成：

實驗組＝$\overline{X}O2$–$\overline{X}O1$ 減去 對照組＝$\overline{X}O4$–$\overline{X}O3$

　　實驗組與對照組之間的任何分數差異（希望是正向的）都是方案影響的測量指標。

隨機實驗設計

　　最後要討論的一類影響性方案評估設計是「隨機實驗設計」。這種設計是三種類型中最有效的，因爲它以隨機分派（random assignment）的方式將參與者分派到實驗組或對照組。隨機分派在理論上控制了除了測驗效應以外的所有內在效度威脅，而且它在控制選樣偏誤時更有優勢。因爲隨機實驗設計的強大，任何在兩組之間發現的案主特徵差異（態度、行爲、狀態、知識、條件等），可以更有把握地歸因於方案，而非外在因素[1]。

　　爲了理解隨機分派如何運作，請設想有一列正在排隊而可能參與方案的人。隊伍第一個人走上前，接著把一枚硬幣拋向空中：正面朝上表示此人被分派到實驗組，反面則表示此人將被分派到對照組。結果硬幣反面朝上，這個人被分派到對照組。接著隊伍中第二個人走上前，硬幣拋向空中，結果又是反面朝上，於是第二個人被分派到對照組。然後隊伍第三個人走上前，硬幣的正面朝上，於是此人被分派到實驗組。這裏的重點是：一個人被分派到實驗組或對照組的方式不會影響另一人如何被分配的機率。

　　一旦完成隨機分派，接下來的過程與分析都跟「不對等比較組設計」相同。隨機實驗設計可望產生明確證實人群服務方案影響的數據。然而，因爲倫理議題（爲了實驗而不讓服務對象參與方案）及法律問題（在許多情況下，若服務對象符合公費資助的人群服務方案資格，那麼不讓他們參與是違法的），人群服務機構的管理者在進行影響性方案評估時，通常會採用較不嚴謹的設計。

---

[1] 眞正的實驗設計必須隨機分派案主，以確保沒有被選樣偏差（例如特別篩選出較可能從方案受益的案主）干擾方案影響的測量。想深入瞭解實驗設計與準實驗設計（quasi-experimental designs）的讀者，可參考Grinnel等人（2019）及Rossi等人（2019）的著作。想瞭解更多有關隨機分派實驗設計的讀者，則可參考「循證政策聯盟」發表的文獻（Coalition for Evidence-Based Policy, 2015）。

總結摘述

　　對人群服務方案進行影響性方案評估是一件困難卻非不可能的任務。影響性方案評估是為了確定一套人群服務方案是否真的有效。為了擬定因果關係的陳述，就必須製造反事實情況，指出如果個人不參與方案會發生什麼情況。此外，各種內在效度威脅（歷史、成熟、流失率、選樣偏誤、方案的擴散或仿效、測驗過程、測量工具）需要加以控制。本章介紹並討論了三種影響性方案評估設計：單組前／後測設計、不對等比較組設計、隨機實驗設計。最後強調最強大且最能處理內在效度威脅的是隨機實驗設計。

討論案例

　　奧蘭多社區中心（Orlando Community Center, OCC）的主任對一些年長參與者的出席率下降感到不安。原本多年來一直在中心參加活動的老年人現在較少出現，有些甚至完全停止參與。中心的社工多次進行家訪，想瞭解為什麼出席率正在下降。社工們發現，過去許多能自己開車來回的老年人現在已經不能做到這一點。經過幾次開會討論這個問題後，主任與員工得出結論，認為如果能為需要交通協助的老年人提供接送服務，那麼他們參與OCC的活動應該會增加。

　　OCC於是向當地的聯合勸募協會提案，以求資助一項實驗性的老年人交通方案。該方案將資助共乘服務，將老年人接送到中心。方案將運作六個月，然後進行影響性方案評估。聯合勸募協會同意資助這項方案與服務六個月。而聯合勸募協會與OCC達成共識的影響性方案評估方法需要蒐集兩組老年人的數據：

　　第一組：在實施交通方案之前的六個月內降低每週在OCC出席次數的老年人。

　　第二組：在實施交通方案之前的六個月內開始停止來OCC的老年人。

若交通服務對OCC的參與產生正面影響，則預計在方案實施期間，第一組老年人的每週平均參與次數應比方案實施前六個月算出的基準次數還多；對於第二組老年人，則預計方案實施前六個月內開始停止來OCC的老年人會重新參與，且在六個月的方案期間至少每週參加一次。

在交通方案運行六個月後，OCC進行了影響性方案評估，結果有些褒貶不一。該評估發現，第一組老年人的平均每週出席次數增加了一天，而第二組沒有老年人重新參與或每週至少參與一天的OCC活動。

 問題與討論（依上述案例回答）

1.OCC交通方案的介入假設是什麼？

2.這裏採用了何種影響性方案評估設計？

3.第一組和第二組的影響性方案評估中，反真實情況是什麼？

4.這項影響性方案評估控制的主要內在效度威脅是什麼？

5.交通方案的介入假設得到支持了嗎？

6.您認為交通方案有成功嗎？

參考文獻

Coalition for Evidence-Based Policy. (2015). *Which study designs are capable of producing valid evidence about a program's effectiveness? A brief overview.* https://craftmediabucket.s3.amaz onaws.com/uploads/Which-Study-Designs-are-Capable-of-Producing-Valid-Evidence-of-Effectiveness-October-2014.pdf

Grinnel, R., Gabor, P., & Unrau, Y. (2019). *Evaluation for social workers: Foundations of evidence-based programs* (8th ed.). Oxford University Press.

Magnabosco, J., & Manderscheid, R. (Eds.). (2011). *Outcomes measurement in the human services* (2nd ed.). NASW Press.

Martin, L. (2021). *Financial management for human service administrators* (2nd ed.). Waveland Press.

Martin, L., & Kettner, P. (2010). *Measuring the performance of human service programs.* SAGE.

McDavid, J., Huse, I., & Hawthorn, L. (2019). *Program evaluation and performance measurement: An introduction to practice* (3rd ed.). SAGE.

Nielsen, S., & Ejler, N. (2008). Improving performance? Exploring the complementarities between evaluation and performance management. *Evaluation, 14,* 171–192.

Rossi, P., Lipsey, M., & Henry, G. (2019). *Evaluation: A systematic approach* (8th ed.). SAGE.

Treasury Board of Canada. (n.d.). *Program evaluation methods: Measurement and attribution of program results* (3rd ed.). https://www.tbs-sct.gc.ca/cee/pubs/meth/pem-mep00-eng.asp

SERVICE

RELATIONSHIP

HE

QUALITY

SUPPORT

SOLUTION

ASSISTANCE

GUIDE

Chapter **12**

以財務控制、管理及規劃為目的之預算系統

本章綱要

本章目的是說明：

- ‧ 預算編定的主要目的
- ‧ 預算編定的主要模式
- ‧ 預算系統的主要類型

本章涵蓋的主題包括：

- ‧ 預算與會計的差異
- ‧ 預算編定的主要目的
  財務控制的目的
  管理的目的
  規劃的目的
- ‧ 預算與系統架構
- ‧ 預算編定過程的主要模式
- ‧ 主要的預算系統
  逐項預算系統
  功能預算系統
  方案預算系統
- ‧ 收入增減的因應方式
- ‧ 當今人群服務機構與方案的預算系統
- ‧ 總結摘述
- ‧ 討論案例
- ‧ 問題與討論

 ## 預算與會計的差異

　　會計（accounting）與預算（budgeting）兩個詞常常被互換使用，但其實兩者並不一樣。會計是一種財務活動，而預算除了財務活動，也是一

種規劃活動。會計與會計系統關注機構及其方案過去和現在的狀況。而預算與預算系統關注機構及其方案現在和未來的狀況。

 # 預算編定的主要目的

預算主要有三個目的：財務控制、管理以及規劃（Lohmann, 1980, 2016; Martin, 2021; Mayers, 2004; Starling, 2011）。但多數的人群服務機構預算系統很少能同時實現這三個目的。即使偶有能兼顧三者的例子，財務控制的目的往往會壓過管理與規劃。這三大目的之間的拉鋸源於預算本身具有規劃與財務的雙重性質。唯有人群服務機構能明確體認到預算的雙重性質，才可能有兼顧財務控制、管理、規劃的預算系統。

要使人群服務機構從預算系統中獲得最大效益，應該同時處理且同等重視財務控制、管理及規劃等三大目的。

財務控制的目的

預算的財務控制目的是確保機構與方案能收支平衡。當機構與方案的資源被用於實質的計畫、目的及目標時，預算的財務控制目的就體現在其中的政策與程序。在責信要求高昇的時代，維持機構與方案資源的財務控制至關重要。透過預算工作才能控制好機構與方案的財務資源。唯有當資金符合機構或方案核定的預算，且支出有助於達成機構或方案的規劃、目的及目標，才能確保資金收入能被有效運用。因此，非營利組織的預算必須通過理監事會的正式批准，政府預算則需要經過適當的法定機關核准。透過正式的預算制度，人群服務機構才能依各級政府的法律規章行使信託責任。

管理的目的

預算的管理目的是在處理某些政策與程序時，確保機構與方案的經費支出保持高度效率，盡量提供更多的服務或產出（輸出）。為了達成這項目標，必須「有意識地管理」機構與方案的預算。切記預算並不會自己管理自己。

預算的管理目的包含確保預算按照原定方式實施，若有任何重大變更都要先通過正式批准。預算跟機構或方案的規劃一樣，可能需要因應意外情況而修改，個別的方案預算都可能因此增減。人群服務機構及其方案能否在環境變化中一直保持高效率的運作，就相當仰賴預算管理。

規劃的目的

預算的規劃目的是確定該用哪些收入實現哪些方案結果（成果）。這時預算應該被視為人群服務機構規劃系統的部件之一，其中要思考的重大規劃決策諸如：若有額外收入該怎麼分配？若要刪減經費該從何下手？機構資金的流向或重新分配都應該符合機構與方案設定的優先順序。如果違反這項原則，預算系統反而可能會阻礙機構與方案實現規劃、目的及目標。

預算與系統架構

為了更完整理解財務控制、管理、規劃等三大預算目的區別，我們在**圖12-1**呈現三大目的與系統架構的對應關係。

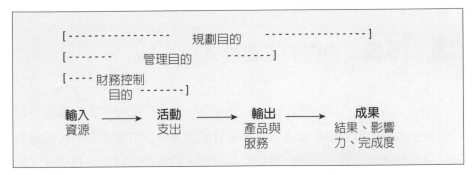

圖12-1 系統架構與預算主要目的之對應關係

茲將**圖12-1**的重點說明如下：

1. 預算的「財務控制」目的是處理收入（輸入）與支出（活動）之間的關係，並回答這個問題：機構及其方案的財務狀況如何？

2. 預算的「管理」目的是處理收入（輸入）與輸出（中間輸出、品質輸出及服務完成量）之間的關係，並回答這個問題：機構及其方案的效率或生產力如何？

3. 預算的「規劃」目的是處理收入（輸入）與機構或方案結果（成果）之間的關係，並回答這個問題：機構及其方案的成效如何？

將預算的三大目的結合起來，才能構成人群服務機構及其方案的完整財務運作圖像，三種目的缺一不可。總結來說：

‧預算不同於會計。

‧預算有三大目的：財務控制、管理及規劃。

‧預算的財務控制功能維持機構與方案收入（輸入）與支出（活動）間的平衡。

‧預算的管理功能讓收入（輸入）的運用盡量達到機構與方案的最高效率或產出（輸出）。

‧預算的規劃功能讓收入（輸入）的運用盡量達到機構與方案的最高成效（成果）。

預算編定過程的主要模式

　　編定預算是人群服務機構最重要的工作之一。機構及其方案需要足夠的資源來提供有效率、有成效及高品質的服務。由於資源有限，預算的編列過程難免會有競爭排擠的項目。多年來，專家們已提出各種模式，說明預算編定的運作過程。其中三種主要的模式為：漸近模式、政治模式以及理性規劃模式。

　　漸近模式（incremental model）將預算編定過程視為過去預算的延伸。漸近模式可在社區、機構或方案等層次運作。在這套模式中，人群服務機構與方案的資源分配主要是以過去幾個年度的預算編列為基礎，然後再酌量增減。

　　這套模型也代表人群服務機構與方案過去都受到認可，否則前幾年也不可能獲得資助。在財務狀況較佳的年度，機構與方案通常可在每個編列項目酌量增加支出；然而在財務不佳的年度，機構與方案也會刪減一定的額度。

　　政治模式（political model）是漸近模式的主要替代選項。政治模式把預算編定看成協商過程。在這裏，預算決策被視為利害關係人（如人群服務機構與方案、資助方、案主、倡議者、社區領袖等）之間衝突與妥協的結果。在這套模型中，相關人士會各自動員其政治影響力，以確保他們的首選機構與方案獲得公平的資源分配。通常政治支持度愈高的機構與方案就能獲得較多資源；相反地，缺乏政治支持多半要面臨資源被削減的命運。

　　理性規劃模式（rational-planning model）將預算編定過程看成一系列與社區、機構或方案規劃過程相涉的邏輯步驟，使預算決策奠基在需求、優先順序、計畫、目的及目標之上。理性規劃模式根據數據與資訊來做決策。按照這套模式，社區、機構或方案的預算編定一樣要經過一連串的規

劃過程（如同成效導向的方案規劃過程），包括：(1)需求評量；(2)確立社區、機構或方案的計畫、目的與目標；(3) 將資源與這些計畫、目的、目標相結合。因此，理性規劃模式確保預算編定過程融入並支撐了社區、機構或方案的規劃過程。

採用漸近模式或政治模式的預算通常只關注收入（輸入）與支出（活動），很少納入服務與產品（輸出）或方案結果（成果）的數據資訊。只考慮收入和支出的預算系統幾乎不會挑戰社區、機構或方案的現況，機構與方案的效率或生產力（輸出）與成效（成果）等問題幾乎不會被提出來反省，就算提出也缺乏相關數據資訊而無法解答。

漸近模式或政治模式遭受的主要批評是：案主需求往往被置於次要的位置。在這裏影響預算編定的最大因素是過去幾年機構與方案獲得的資金量，以及利益關係人的政治影響力。從人群服務的角度來看，需求程度反而經常與過往資金規模存在反向關係，與政治影響力之間的關係亦然。舉例來說，以漸近模式而言，新成立的人群服務機構或方案由於沒有過去可參照的預算歷史，在分配資源時就容易處在不利的地位；同樣地，無家者、兒童或慢性精神疾病患者通常是最需要幫助的人，但他們卻毫無政治影響力。

理性規劃模式也不是全無缺點。批評者指出：這套模式太耗時，而且用掉原本就稀少的資源，原本這些資源可用來照顧更多案主；另外，即使照這套模式進行，預算決策終究要受到過去預算規模與政治因素的影響。批評者還主張，決策者很少真正參考規劃中形成的資訊與分析，除非這些資訊正巧支持他們的先入之見。

一個真正關心案主需求的人群服務機構或方案，可能不想依據漸近或政治模式來編定預算，更偏好理性規劃模式。正如第二章所言，理性規劃模式是「唯一」能支持成效導向方案規劃並與其相容的模式。

雖然在追求理性規劃模式的過程中，漸進與政治模式可能仍有主導性的影響，但是採行理性規劃模式會提高預算討論的層次。若無法提高討論層次，也沒有其他替代的決策架構，則最後冒出頭的仍舊是漸近與政治

模式。

 ## 主要的預算系統

　　預算的三大目的（財務控制、管理、規劃）各自有其對應的主要預算系統：逐項預算（line-item）、功能預算（functional）及方案預算（program）系統（Finkler et al., 2020; Martin, 2021; Mayers, 2004）[1]。如圖**12-2**所示，這三種預算系統代表了預算三大目的之運作方式。

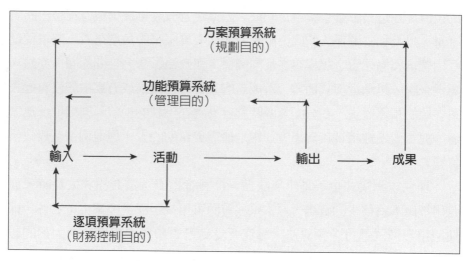

圖12-2　系統架構與三種主要預算系統

---

[1] 過去文獻對於預算系統的數量或命名存在諸多爭議。文獻提過的預算系統包括「單項」、「方案」、「績效」、「方案規劃及預算」（PPB）、「零基」（zero-base）、「成果」等等。有些學者會區別績效與方案預算的差異，有些學者則視其為同義。「功能預算」一詞常被用來描述多種不同的預算系統，而且經常與績效預算和方案預算的詞彙互換使用。雖然歷時已久，這些混淆仍未解決。因此，任何預算系統的分類方式多少都帶有主觀性。本書沿用前四版即已採用的Gundersdorf（1977）分類法。

逐項預算系統

逐項預算系統的「逐項」是指預算列表中的每一個收支項目。逐項預算系統是處理輸入（收入）與活動（支出），以「財務控制」為主要的目的（見**圖12-2**）。**表12-1**是逐項預算系統的範例。請注意**表12-1**的預算已達收支平衡——預定支出與預期收入相等。

逐項預算系統同時適用於單一方案或整個機構，它基本上就是關於機構或方案從哪裏獲得收入，以及如何使用這些資金的計畫。逐項預算系統嚴格控管資金議題，並不關心其他議題，諸如要產出的服務或產品數量（輸出）或完成的結果（成果）。

功能預算系統

功能預算系統處理的是輸入（收入）與輸出（中間輸出、品質輸出、服務完成量），以「管理」為主要目的，並關注方案的效率與生產力。因為其關注的焦點，功能預算系統也可視為「輸出預算」、「效率預算」或「生產力預算」（Martin, 2021）。效率或生產力的典型定義是輸出相對於輸入的比率。

功能預算系統通常只適用於個別方案。它基本上是將機構資金分配給特定方案的管理計畫，會預期該方案將產出多少服務或產出的回報，同時預估單位成本（每單位輸出之成本）。

表12-2是個案管理方案使用功能預算系統的範例，它並未包含很多收支項目，只顯示方案的總成本、預計提供的輸出量（中間輸出與最終輸出），以及預估的單位成本或每單位輸出之成本。

表12-1 人群服務機構使用逐項預算系統的範例

收入		
1.聯合勸募協會	$450,000	
2.政府合約與補助	550,000	
3.第三方支付	50,000	
4.單次捐款	60,000	
5.特殊活動收入	150,000	
6.方案收入	50,000	
7.定期捐款	34,000	
8.其他（雜項）	25,000	
總收入		$1,369,000
支出		
1.人事費		$908,000
執行長@$110,000	$110,000	
業務主管@$90,000	90,000	
會計師@$70,000	70,000	
個案管理師2名@60,000	120,000	
諮商師3名@60,000	180,000	
職業訓練專員2名@60,000	120,000	
支持性服務督導員@50,000	50,000	
支持性服務人員4名@42,000	168,000	
月薪與工資小計	$908,000	
2.員工相關支出@25%		$227,000
3.租金		60,000
4.行政管理費（水電、網路費等）		20,000
5.設備費		40,000
6.日常用品費		30,000
7.電話費		12,000
8.差旅費		25,000
9.會議經費		15,000
10.印刷與影印費		12,000
11.其他（雜項）		20,000
總支出		$1,369,000

註：員工相關支出包括預扣之所得稅、勞健保、員工及其家屬的其他醫療保險費等。

表12-2 個案管理方案使用功能預算系統的範例

方案總成本	$391,143
目標 ・中間輸出 ・最終輸出	共計提供3,500單位之個案管理服務，每單位成本為$111.76 共計完成20項服務，每單位服務完成之成本為$19,557.15

方案預算系統

　　方案預算系統是處理輸入（收入）與完成結果（成果），以「規劃」為主要目的。由於其關注的焦點，方案預算系統也可視為「成果預算」或「成效預算」（Chrisinger, 2010; Martin, 2021），它通常也只適用於個別方案。**表12-3**是個案管理方案使用方案預算系統的範例。

　　方案預算系統看起來很像功能預算系統，差別是焦點從輸出轉移到成果。方案預算系統顯示方案的總成本、預期達成的成果數量（中間成果與最終成果），以及單位成本或每單位成果之成本。

表12-3 個案管理方案使用方案預算系統的範例

方案總成本	$391,143
目標 ・中間成果 ・最終成果	18位案主完成個別的個案處遇計畫，每位案主的成本為$21,730.17 15位案主在一年內持續不再受虐，每位案主的成本為$26,076.20

　　若想追求理性規劃模式，人群服務機構不能僅靠單純處理收入（輸入）與支出（活動）的逐項預算系統。成效導向的預算方法必須把分析與討論至少提升到機構與方案的產品或服務層次（功能預算系統），而最理想的狀況是提升到機構與方案的成果層次（方案預算系統）。

 ## 收入增減的因應方式

　　人群服務機構經常要面對預算的波動。如果機構與方案能證明其服務具備效率與成效，則會增加收入而獲得擴展的機會；但要是收入短缺，將迫使機構與方案必須向資助方據理論辯，以爭取合理的經費，否則可能就得削減預算。前文提到的三種預算系統（逐項、功能、方案）對收入增減的影響分別提供三種不同觀點，我們以下面的例子進行說明。

　　假定一所專為四歲兒童提供早期學習方案的人群服務機構，其預算被削減了$75,000。**表12-4**說明逐項、功能、方案等三種預算系統因資訊類型不同，而在論辯層次上造成的差異。逐項預算系統對預算遭削減的討論，會圍繞在它將導致哪些成本項目的減少。以本例而言，削減$75,000相當於減少1.5位全職員工的職位，才可重返收支平衡。這種分析並未提及$75,000的預算削減對提供服務量（輸出）的影響，也未提及對案主服務成果的影響。

　　在功能預算系統中，論辯將轉移到削減$75,000預算對服務量（輸出）的影響。在本例中，削減$75,000的預算可能導致減少約2,000天的服務時間。在方案預算系統中，論辯又轉移到服務成果數量降低的影響。在這種情況下，削減$75,000的預算可能意味著有150名兒童因此無法準備好入學（亦即準備好進入幼稚園就讀）。

　　隨著分析從逐項預算制度轉到功能性預算制度，再轉到計劃預算制度，辯論的層次隨著從單項成本、服務量的考量（輸出），再進展到服務成果的考量（成果）。這個過程也可以反過來運用：預算增加$75,000可能意味能多聘用1.5名全職員工，提供額外的2,000天服務，或者再多150名兒童因此準備好入學。

表12-4　預算系統、收入短缺及討論層次

議題：削減$75,000預算的影響	
逐項預算系統	相當於減少1.5位全職員工。
功能預算系統	相當於減少2,000個工作天的服務。
方案預算系統	相當於減少150位準備好就學（幼稚園）的兒童。

　　雖然逐項預算系統的資訊對人群服務機構與方案非常重要，但畢竟不夠完整。從成效導向方案規劃的角度來看，功能預算與方案預算系統的資訊是必要的，這樣才能評估收入增減對服務數量與案主成果的影響。若我們能瞭解預算增減對服務提供與服務對象產生哪些影響，即可提高論辯的層次，讓決策者明白其決策會導致什麼現實後果，不然決策者往往不清楚自己的預算決策會造成什麼衝擊。這類資訊也可使機構與方案的工作人員有條理地規劃輸出與成果的增減，例如在確定必須削減預算時先暫停接受新案主。在倡議方面，有關預算增減對服務及服務對象的影響資訊，也可用來告知或教育案主、倡議團體及其他相關人士。

 # 當今人群服務機構與方案的預算系統

　　現在大多數的人群服務機構與方案仍然只用逐項預算系統，然而美國政府、全美聯合勸募協會及其他基金會日益要求在合約或申請補助時，都必須包含輸出與成果的績效測量，有些甚至要求單位成本資料（Martin, 2020, 2021; Martin & Frahm, 2010; Urban Institute, 2010）。一旦某機構或方案獲選取得資金，其財務預算的安排可能相當於一份以績效為基礎的合約或補助，這類合約通常會根據輸出或完成的成果來定價（Martin, 2020; Urban Institute, 2019）。人群服務方案與機構若要處理單位輸出成本及單位成果成本這類較高層次的考量，唯一的方法是利用功能預算系統與方案預算系統。

　　我們這裏只是方便起見而將逐項、功能、方案預算系統分開說明。

實際上，這三種預算系統可視為一套完整預算系統的三個次系統，而且三者相輔相成。功能與方案預算系統都建立在逐項預算系統的基礎上。將逐項預算系統延伸，以整併功能與方案預算系統所需的元素，是值得努力的做法，而且能支持成效導向的人群服務方法。

總結摘述

預算具有多重目的。逐項預算系統的主要目的是財務控制，功能預算系統的主要目的是管理，而方案預算系統的主要目的是規劃。

這三大目的都很重要，應該分別成為人群服務方案或機構完整預算的一環。此外，為了滿足當今資助方的要求，人群服務方案與機構必須善用所有三種預算系統，包括逐項預算、功能預算及方案預算，否則將無法取得方案資料（輸出與成果）與成本資料（單位輸出成本與單位成果成本），以滿足資助方要求。

同時也應該記住，許多預算模式或思考預算的方式並沒有採用理性規劃模式的角度。漸近模式與政治模式在歷史、政治及利益關係人各方面都獲得過相當多的支持。然而，理性規劃模式更為優越，因為它提高了預算討論的層次，將焦點放在案主需求、計畫、目的與目標，以及方案與機構的輸出與成果上。

下一章將更深入探討如何發展逐項、功能及方案預算系統。

討論案例

　　丹佛地區老年機構（Denver Area Agency on Aging, DAAA）過去一直只使用逐項預算系統。新任主管上任時，她立即要求瞭解機構三套方案的相關資訊。具體來說，她想檢閱機構三套方案使用的輸出與成果績效指標，這些方案分別是：(1)老年中心；(2)洽詢與轉介；(3)諮商。她還希望查閱這三套計畫單位輸出成本與單位成果成本的資料。

　　機構三套方案的管理者們向新任主管表示，他們都已經建立了輸出與成果績效指標，而且已經蒐集了兩年的資料。然而，他們沒有單位輸出成本與單位成果成本的資料，因為財務計算過於複雜，而且他們不知道如何利用由此產生的資訊。

問題與討論（依上述案例回答）

1. 您認為三位管理者可能從各自方案的單位輸出成本與單位成果成本得到幫助嗎？為什麼？
2. 您認為計算這三套方案的單位輸出成本與單位成果成本有多困難？這可能需要什麼數據？
3. 承上，該計算結果可能對機構與方案的預算決策帶來什麼影響？

參考文獻

Chrisinger, J. (2010, May 17). *Budgeting that really works. Governing.* http://www.governing.com.

Finkler, S., Smith, D., & Calabrese, T. (Eds.). (2020). *Financial management for public, health, and not-for-profit organizations* (6th ed.). SAGE.

Gundersdorf, J. (1977). Management and financial controls. In W. Anderson, B. Frieden, & M. Murphy (Eds.), *Managing human services.* International City Management Association.

Lohmann, R. (1980). *Breaking even: Financial management in human service organizations.* Temple University Press.

Lohmann, R. (2016). *Above the line: Financial management in human services.* National Association of Social Workers (NASW).

Martin, L. (2020). Performance-based contracting. In R. Schick, & L. Martin (Eds.), *Human service contracting: A public solutions handbook.* Routledge.

Martin, L. (2021). *Financial management for human service administrators* (2nd ed.). Waveland Press.

Martin, L., & Frahm, K. (2010). Accountability in administrative practice. *Journal of Sociology & Social Welfare, 27*, 137–148.

Mayers, R. (2004). *Financial management for nonprofit human service organizations* (2nd ed.). Charles C. Thomas.

Starling, G. (2011). Managing the public sector (9th ed.). Wadsworth.

Urban Institute. (2010). *National study of nonprofit-government contracting.* Author.

Urban Institute. (2019). *Performance-based strategies: Defining terms and comparing common strategies.* https://www.urban.org/sites/default/files/publication/100452/performance-based_strategies_defining_terms_and_comparing_common_strategies_2.pdf.

SERVICE

RELATIONSHIP

SUPPORT

ASSISTANCE

QUALITY

SOLUTION

HEL

GUIDE

Chapter **13**

發展逐項、功能及方案預算系統

服務方案之設計與管理

本章綱要

本章目的是說明：

· 如何建立逐項預算系統？
· 如何建立功能預算系統？
· 如何建立方案預算系統？

本章涵蓋的主題包括：

· 發展逐項預算系統
　設計逐項預算格式
　發展一套共通的預算定義與項目
　確認所有收入與支出
　平衡預算
· 逐項預算與功能、方案預算系統的關聯
　發展逐項預算
　確定機構的方案架構
　建立成本分攤計畫表
　確認直接與間接成本
　將直接成本分派給各方案，將間接成本暫列入「間接成本庫」
　將間接成本分攤給各方案，以決定各方案的總成本
　總直接成本法
　直接人事成本法
　直接工時法
　直接成本轉化法
　何種成本分攤的方法最好？
　成本分攤值得費心嗎？
· 功能預算系統
　選擇方案中間輸出（服務單位量）的測量方式
　確定方案中間輸出（服務單位量）的目標
　計算方案中間輸出（服務單位量）的單位成本
　選擇方案最終輸出（服務完成量）的測量方式

確定方案最終輸出（服務完成量）的目標

計算方案最終輸出（服務完成量）的單位成本

· 方案預算系統

選擇方案中間成果的測量方式

確定方案中間成果的目標

計算方案中間成果的單位成本

選擇方案最終成果的測量方式

確定方案最終成果的目標

計算方案最終成果的單位成本

· 完整的預算系統

· 總結摘述

· 討論案例

· 問題與討論

 # 發展逐項預算系統

　　逐項預算系統的特色是標準化的預算格式、共通的預算定義，以及結構性的預算編定過程。逐項預算系統講求預算編定過程的一致性，並提供人群服務機構或方案的整體財務概況。

　　逐項預算系統涵蓋的時段稱為會計年度，通常是12個月。會計年度的時程一般有三種：(1)1月1日至12月31日（多數非營利人群服務機構與方案採用）；(2)7月1日至6月30日（美國多數州政府與地方政府之人群服務機構與方案採用）；(3)10月1日至9月30日（美國聯邦政府機構與方案採用）。無論採用何種會計年度，所有機構的預算系統通常都以12個月為時間週期。

　　在人群服務機構或方案中，創建一套逐項預算系統包含以下步驟：

1.設計標準化的逐項預算格式。

2.發展一套共通的預算定義與項目。

3.確認所有收入與支出。

4.平衡預算。

設計逐項預算格式

表13-1沿用Safe Haven機構案例示範一套逐項預算格式，這也是大多數人群服務機構採用的典型格式。

逐項預算表中的收入與支出類目（或單一項目）在設計上必須互斥（mutually exclusive）與窮盡（exhaustive）。也就是說，所有的收入或支出都必須能歸屬在其中一個類目之下（窮盡），而且也只能歸屬於一個類目（互斥）。逐項預算表的類目數量須足以涵蓋所有收入與支出項目，通常收入與支出都設有一個「雜項」類目，以確保預算表涵蓋所有預算項目。

發展一套共通的預算定義與項目

每一收入和支出的類目都有各自的操作型定義，以指引項目歸類，同時確保處理預算項目時保持一致性。例如「員工相關支出」（employee-related expenses, ERE）的操作型定義是「與每個職位相關的非薪資成本」，包含機構替員工繳納的社會安全（年金）保險費用、預扣之所得稅、各種醫療保險、退休金成本等。

確認所有收入與支出

人群服務機構的逐項預算表應列出所有預期收入與預定支出項目。如**表13-1**所示，Safe Haven的逐項預算達到收支平衡，預期總收入為1,369,000美元，而預定總支出也是1,369,000美元。

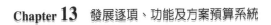

表13-1 Safe Haven的逐項預算系統

收入		
1.聯合勸募協會	$450,000	
2.政府合約與補助	550,000	
3.第三方付費	50,000	
4.單次捐款	60,000	
5.特殊活動收入	150,000	
6.方案收入	50,000	
7.定期捐款	34,000	
8.其他（雜項）	25,000	
總收入		$1,369,000
支出		
1.人事費		$908,000
執行長@$110,000	$110,000	
業務主管@$90,000	90,000	
會計師@$70,000	70,000	
個案管理師2名@60,000	120,000	
諮商師3名@60,000	180,000	
職業訓練專員2名@60,000	120,000	
支持性服務督導員@50,000	50,000	
支持性服務人員4名@42,000	168,000	
總人事費	$908,000	
2.員工相關支出@25%		$227,000
3.租金		60,000
4.行政管理費（水電、網路費等）		20,000
5.設備費		40,000
6.日常用品費		30,000
7.電話費		12,000
8.差旅費		25,000
9.會議經費		15,000
10.印刷與影印費		12,000
11.其他（雜項）		20,000
總支出		$1,369,000

平衡預算

逐項預算系統的標準化格式涵蓋了所有預期收入與預定支出，可清楚顯示收支是否達到平衡。在編定預算時，標準化的逐項預算表有助於確認或討論哪些支出可以刪減，或是還可爭取哪些額外收入，而使預算最終達到收支平衡。

平衡預算有時是一個痛苦的過程，機構或方案的管理者可能會太想達到收支平衡，而強迫自己高估收入或低估支出，造成假性平衡。有個老故事是這樣說的：一所具有宗教背景的人群服務機構，其主任在每個會計年度總會編入「意外之財」的預算收入項目，使收支達成平衡。當人們問他爲何用這種非正統的編列方式時，他回答說寧願相信神的干預，而不想經歷平衡預算的痛苦。除非管理者眞有高層的支持，否則這種強迫性的假性預算平衡是相當冒險的舉動。

在會計年度之初就要平衡預算，可能是一項艱鉅的任務，但至少比中途才想辦法平衡收支更妥當。失衡的預算終究得平衡，每月持續的預算失衡會使這難題雪上加霜。刪減預算對人群服務機構的實際影響，相當於刪減的額度乘以會計年度已經過的月數。例如在會計年度的第六個月刪減預算2,000美元，對組織的影響相當於12,000美元。

逐項預算與功能、方案預算系統的關聯

在人群服務機構中，功能預算系統與方案預算系統一般只在方案的層次上編列，原因是它們的主要部件，亦即輸出指標（功能預算系統）與成果指標（方案預算系統），都只在方案層次上編列。這兩套預算系統的建立仍是從逐項預算開始。核心概念是從機構的逐項預算列表中，將所有支出分配到機構的各方案，以確定每套個別方案的總成本。功能與方案預

算從這裏才開始發揮各自的功能。

功能預算系統關注服務方案的輸出、效率及生產力，處理的問題包括：機構方案若以中間輸出（服務單位量）與服務完成量（最終輸出）來測量，打算提供多少服務或產品？中間輸出（服務單位量）與服務完成量（最終輸出）的單位成本預期是多少？

方案預算系統則關注服務方案的成果或成效，處理的問題包括：方案打算實現哪些成果目的與目標（結果、完成度、影響力）？每項成果的單位成本預期是多少？

由於功能與方案預算系統都關注機構各方案的總成本，它們仍有一些共通的執行步驟，依序包括：

1.發展逐項預算。
2.確定機構的方案結構。
3.建立成本分攤計畫表。
4.確認直接與間接成本。
5.將直接成本分派給各方案，間接成本暫列入「間接成本庫」。
6.將間接成本分攤給各方案，以決定各方案的總成本。

發展逐項預算

發展功能或方案預算系統的第一步是編列機構的逐項預算，確定所有預期收入與預定支出。此步驟完成如**表13-1**。

確定機構的方案結構

第二步是確定機構的「方案結構」（program structure）。所謂方案結構是機構營運的服務方案個數，這議題已在前幾章討論過。

以Safe Haven為例，該機構有五套方案：(1)庇護所方案；(2)個案管理

方案；(3)個別與團體諮商方案；(4)財務管理訓練方案；(5)就業訓練與安置方案。為降低討論預算時的複雜性，我們在此的演示只包含三套方案：個案管理、諮商、就業訓練與安置。

建立成本分攤計畫表

成本分攤計畫表是從逐項預算中，為了功能預算或方案預算而制訂出來的主要文件或工具（參見**表13-2**）。

成本分攤計畫表列出的項目與逐項預算表相同（見**表13-1**），但它只列支出不列收入。三套方案（個案管理、諮商、就業訓練與安置）成為各欄的標題，另外還有一欄標題為「間接成本庫」（indirect cost pool）。藉由成本分攤計畫表，我們將可確定這三套方案分別的總成本。

表13-2　Safe Haven成本分攤計畫表

預算項目	個案管理方案	諮商方案	就業訓練與安置方案	間接成本庫
人事費 執行長 業務主任 會計師 個案管理師 諮商師 職業訓練專員 支持性服務督導員 支持性服務人員				
1.總人事費 2.員工相關支出@25% 3.租金 4.行政管理費 5.設備費 6.日常用品費 7.電話費 8.差旅費 9.會議經費 10.印刷與影印費 11.其他（雜項） 總計				

確認直接與間接成本

每項預定支出（如機構的逐項預算所示）都可被歸類為直接成本（direct cost）或間接成本（indirect cost）。直接成本是機構只用於單一方案的開支，例如：

- ·僅負責單一方案的工作人員人事費。
- ·僅在單一方案中使用的物資與日常用品。
- ·僅跟單一方案有關的差旅費。
- ·僅限於單一方案使用的器材設備。
- ·其他任何僅用於單一方案的成本。

間接成本是預定用於兩套以上方案的支出，有時也被稱為「經常性費用」（overhead costs）或「組織維繫成本」（organizational and maintenance costs, OM）。間接成本通常包含機構執行長及其他同時為所有方案工作的人員（如會計、秘書等）人事費及其員工相關支出。此外，所有用在兩套以上方案的營運支出都屬於間接成本。其他常被視為間接成本的費用如下：

- ·機構辦公室租金。
- ·水電費。
- ·清潔或保全費用。
- ·電話費。
- ·組織外部稽核費用。

將直接成本分派給各方案，間接成本暫列入「間接成本庫」

在計算機構方案各別的總成本時，除了必須確認每套方案的直接成本，也要計算每套方案應分攤的間接成本。一套服務方案的總成本是它的

直接成本與間接成本總和。識別方案的直接成本是相對簡單的工作,只要某個成本項目只屬於單一方案,它就是該方案的直接成本。如果在Safe Haven的例子中,我們假定:(1)有兩位個案管理師都只負責個案管理方案;(2)有三位諮商師只負責諮商方案;(3)有兩位就業訓練專員只負責職業訓練與安置方案。那麼這些人事成本就全都是直接成本,可直接分配到各自的方案中(見**表13-3**)。

表13-3　Safe Haven分配的人事成本

預算項目	個案管理方案	諮商方案	就業訓練與安置方案	間接成本庫
人事費 執行長 業務主任 會計師 個案管理師2名@60,000 諮商師3名@60,000 職業訓練專員2名@60,000 支持性服務督導員@50,000 支持性服務人員4名@42,000	$120,000	$180,000	$120,000	$110,000 90,000 70,000 50,000 168,000
1.總人事費	$120,000	$180,000	$120,000	$488,000
2.員工相關支出@25%				
3.租金				
4.行政管理費				
5.設備費				
6.日常用品費				
7.電話費				
8.差旅費				
9.會議經費				
10.印刷與影印費				
11.其他(雜項)				
總計				

至於**表13-3**剩下的其他人事費項目是直接成本還是間接成本?舉例來說,執行長的工作與機構所有方案都有關係,因此她的薪資($110,000)應屬於間接成本,不能放入任何一套方案的欄位下,而應列入「間接成本庫」的臨時欄位。其他屬於間接成本的人事費可依相同邏輯處理。

　　業務主管與會計的工作也同時涉及所有方案，所以這些人事成本也屬於間接成本。支持性服務督導及四位工作人員也為所有方案工作，但由於各方案的工作量時高時低，因此Safe Haven的決定讓這四位工作人員支援所有方案的同時，由督導分配其工作量。因此督導及四位工作人員的人事費也是間接成本，應列入「間接成本庫」的臨時欄位。

　　將**表13-3**所有欄位的「總人事費」橫向相加，得到$908,000（$120,000 + $180,000 + $120,000 + $488,000），這個數字與**表13-1**的總人事費（$908,000）相同，由此可知計算正確，不可能在計算人事成本時突然多了或少了某些錢。

　　「員工相關支出」通常是按照該員工的人事費比例計算。在此，我們對各方案及「間接成本庫」的人事費分別套用25%的比例，來計算員工相關支出（見**表13-4**）。

表13-4　Safe Haven分配的員工相關支出成本

預算項目	個案管理方案	諮商方案	就業訓練與安置方案	間接成本庫
人事費				
執行長				$110,000
業務主任				90,000
會計師				70,000
個案管理師2名@60,000	$120,000			
諮商師3名@60,000		$180,000		
職業訓練專員2名@60,000			$120,000	
支持性服務督導員@50,000				50,000
支持性服務人員4名@42,000				168,000
1.總人事費	$120,000	$180,000	$120,000	$488,000
2.員工相關支出@25%	30,000	45,000	30,000	122,000
3.租金				
4.行政管理費				
5.設備費				
6.日常用品費				
7.電話費				
8.差旅費				
9.會議經費				
10.印刷與影印費				
11.其他（雜項）				
總計				

表**13-4**的「員工相關支出」從左到右的金額分別是$30,000、$45,000、$30,000及$122,000，合計$227,000，再次與表**13-1**中「員工相關支出」數字相同。現在已完成人事成本的分配，可以繼續分配「其他營運成本」。

在逐項預算中，「其他營運成本」是指除了涉及人事費以外的所有成本項目，通常同時與所有的方案都有關，所以一般屬於間接成本。例如，所有人群服務方案多少都會共用租金、水電費、日常用品、電話費、器材設備、印刷及影印等支出，而且通常也有共同的差旅費與會議費用。因此在Safe Haven的案例中，這些營運成本均須列爲間接成本，被歸到「間接成本庫」欄位下（見表**13-5**）。

表13-5　Safe Haven決定的方案總直接成本與間接成本庫

預算項目	個案管理方案	諮商方案	就業訓練與安置方案	間接成本庫
人事費				
執行長				$110,000
業務主任				90,000
會計師				70,000
個案管理師2名@60,000	$120,000			
諮商師3名@60,000		$180,000		
職業訓練專員2名@60,000			$120,000	
支持性服務督導員@50,000				50,000
支持性服務人員4名@42,000				168,000
1.總人事費	$120,000	$180,000	$120,000	$488,000
2.員工相關支出@25%	30,000	45,000	30,000	122,000
3.租金				60,000
4.行政管理費				20,000
5.設備費				40,000
6.日常用品費				30,000
7.電話費				12,000
8.差旅費				25,000
9.會議經費				15,000
10.印刷與影印費				12,000
11.其他（雜項）				20,000
總計	$150,000	$225,000	$150,000	$844,000

現在可以計算每套方案的總直接成本，以及「間接成本庫」欄位下的總間接成本。於是得到個案管理方案的總直接成本是$150,000、諮商方案是$225,000、就業訓練與安置方案是$150,000，而總間接成本是$844,000。最後把這四欄總計數目再加總，得到$1,369,000（$150,000+$225,000+$150,000+$844,000），該數字應與**表13-1**的逐項預算總成本相同。

將間接成本分攤給各方案，以決定各方案的總成本

接下來的步驟是將「間接成本庫」的總間接成本分攤給各方案，這個過程即是所謂的「成本分攤」（cost allocation）。實務上，成本分攤的技術性工作最好留給會計師處理。但瞭解成本分攤的邏輯並不難，理解它也是掌握由逐項預算衍生功能預算與方案預算的關鍵。

成本分攤必須選擇一種的分配間接成本的方法，或稱基底（base）。人群服務機構常用的成本分攤方法或基底有四種：(1)總直接成本法；(2)直接人事成本法；(3)直接工時法；(4)直接成本轉化法（Hay & Wilson, 1995; Horngren et al., 1997; Mayers, 2004; Martin, 2021）。

總直接成本法

採用總直接成本法（total direct cost methodology）進行成本分攤有四個步驟：

1.確定每套方案的直接成本。
2.加總所有方案的直接成本。
3.確定間接成本率。
4.用間接成本率將「間接成本庫」分攤給每套方案。

使用總直接成本法進行成本分攤時，會根據個別方案在「總直接成本合計」的占比，將「間接成本庫」（$844,000）分攤給三套方案（參

見**表13-6**）。三套方案的「總直接成本合計」是$525,000（$150,000 + $225,000 + $150,000）。

我們必須計算「間接成本率」，才能將$844,000分攤給三個方案。間接成本率是所有方案的「總直接成本合計」跟「間接成本庫」的比率關係。在這裏即是以間接成本庫（$844,000）除以三套方案的總直接成本合計（$525,000），計算到第三位小數是1.608，即為間接成本率（$844,000÷525,000＝1.608）。

示例如下：

$\dfrac{\$844,000}{\$525,000}$	=1.608

接著將間接成本率套用到個別方案的總直接成本上。舉例來說，個案管理方案的總直接成本（$150,000）乘上間接成本率（1.608），所得到的金額（$241,200）即為個案管理方案應分攤的間接成本（$150,000×1.608=$241,200）。

示例如下：

個案管理方案總直接成本		間接成本率	
$150,000	×	1.608	=$241,200

接下來，將個別方案的總直接成本與間接成本相加，即是各方案的總成本（見**表13-6**）。舉例來說，個案管理方案的總成本等於總直接成本加上分攤的間接成本（$150,000+$241,200=$391,200）。

Safe Haven另外兩套方案（諮商、職業訓練與安置）的總成本，也可以用相同程序計算。請注意經過成本分攤算出的總數額可能與原始的逐項預算有些微出入，這是因為四捨五入的誤差所致。處理這項誤差的工作可交給會計師。

表13-6 Safe Haven以總直接成本法分攤方案的間接成本，並決定各方案總成本

預算項目	個案管理方案	諮商方案	就業訓練與安置方案	間接成本庫
人事費				
執行長				$110,000
業務主任				90,000
會計師				70,000
個案管理師2名@60,000	$120,000			
諮商師3名@60,000		$180,000		
職業訓練專員2名@60,000			$120,000	
支持性服務督導員@50,000				50,000
支持性服務人員4名@42,000				168,000
1.總人事費	$120,000	$180,000	$120,000	$488,000
2.員工相關支出@25%	30,000	45,000	30,000	122,000
3.租金				60,000
4.行政管理費				20,000
5.設備費				40,000
6.日常用品費				30,000
7.電話費				12,000
8.差旅費				25,000
9.會議經費				15,000
10.印刷與影印費				12,000
11.其他（雜項）				20,000
總計	150,000	225,000	150,000	844,000
間接成本分攤	241,200	361,800	241,200	
總直接與間接成本	$391,200	$586,800	$391,200	

直接人事成本法

第二種成本分攤的方法是「直接人事成本法」（direct labor costs methodology）。其計算方式與「總直接成本法」相似，只是「間接成本率」不從所有方案的總直接成本合計與總間接成本的比率來計算，而是從所有方案的總直接人事成本合計與總間接成本的比率來計算。直接人事成本包括直接成本中的人事費與員工相關支出。在前述的總直接成本法範例裏，所有直接成本都是直接人事成本，因此在Safe Haven案例中，不論是以總直接成本法或直接人事成本法，得出的結果是相同的。

直接工時法

第三種成本分攤的方法是「直接工時法」（direct labor hours methodology），其計算方式基本上與「總直接成本法」、「直接人事成本法」類似，只是在直接工時法中，要計算所有方案的總直接工時與總間接成本之間的相對比率，再以該比率作為計算基底。直接工時是直接成本中所有機構員工全年的總工時。

一位工作人員的全年工時通常計算為2,080小時。在Safe Haven的案例中，個案管理方案的兩位全職人員是該方案唯一的直接成本。因此個案管理方案的直接工時為4,160小時（2,080×2）；諮商輔導方案有三位全職的輔導人員，所以直接工時為6,240小時（2,080×3）。同理可得，就業訓練及安置方案的直接工時為4,160小時（2,080×2）。最後，將三個方案的直接工時加總，得到總直接工時為14,560小時（4,160+6,240+4,160）。

間接成本率是以間接成本庫除以總直接工時，所得到的結果代表一個金額而非比例的間接成本率（$844,000÷14,560=$57.97）。

示例如下：

$$\frac{\$844,000}{14,560} = \$57.967$$

在Safe Haven的案例中，總間接成本除以總直接工時，可得到每直接工時多少美元的換算率（$844,000÷14,560=$57.97）。因此，個案管理方案分攤的間接成本是$241,155（$57.97×4,160）。再次提醒，由於四捨五入的誤差，數字可能稍有出入。

另兩套方案可以用相同程序獲得各自分攤的間接成本（見**表13-7**）。值得一提的是，無論是用哪種成本分攤方法，總間接成本與每一方案的直接成本是不變的。

表13-7 Safe Haven以直接工時法分攤方案的間接成本，並決定各方案總成本

預算項目	個案管理方案	諮商方案	就業訓練與安置方案	間接成本庫
人事費				
執行長				$110,000
業務主任				90,000
會計師				70,000
個案管理師2名@60,000	$120,000			
諮商師3名@60,000		$180,000		
職業訓練專員2名@60,000			$120,000	
支持性服務督導員@50,000				50,000
支持性服務人員4名@42,000				168,000
1.總人事費	$120,000	$180,000	$120,000	$488,000
2.員工相關支出@25%	30,000	45,000	30,000	122,000
3.租金				60,000
4.行政管理費				20,000
5.設備費				40,000
6.日常用品費				30,000
7.電話費				12,000
8.差旅費				25,000
9.會議經費				15,000
10.印刷與影印費				12,000
11.其他（雜項）				20,000
總計	150,000	225,000	150,000	844,000
間接成本分攤	241,155	361,733	241,155	
總直接與間接成本	$391,155	$586,733	$391,155	

直接成本轉化法

成本分攤的第四個，也是最後一個方法是「直接成本轉化法」（direct costing methodology），也就是把間接成本轉換為直接成本。這種方法要先確認每個間接成本項目個別的度量單位，然後用來計算每一項間接成本的分攤量。以**表13-7**的電話費為例，這個成本項目（每月的電話費用）通常被視為間接成本，因為一所機構的所有方案都一起使用電話。把這項間接成本轉換為直接成本的方法之一是：先統計Safe Haven的電話機總數與各方案分別使用的電話機數量，然後算出各方案電話機數量與總電話機量的相對比例，即為各方案分攤電話費成本的基底。

任何一個間接成本項目都可用這種方法轉換為各方案的直接成本，只要能確定計算分攤基底的度量單位（例如時數、坪數等）。**表13-8**列出的分攤基底是目前公認合理的直接成本轉化法基底。

表13-8　將間接成本轉化為直接計費之建議基底

間接成本項目	分攤基底
會計	各方案須處理的交易筆數
外部稽核	各方案使用的工作時數
預算編制	各方案使用的工作時數
資訊科技	電腦工作站的數量
員工	各方案使用的工作時數
保險（火災或地震險等）	各方案占用的辦公空間坪數
清潔服務費	各方案占用的辦公空間坪數
法律服務	各方案使用的工作時數
電話費	電話機的數量
信件	處理信件的數目
印刷與影印	處理件數／頁數
行政管理費（水電費等）	各方案占用的辦公空間坪數

何種成本分攤的方法最好？

人群服務機構在分攤間接成本時，沒有所謂最好的方法。適用性須視情況而定，各方法在執行上的難度也有所差異。此外，就方案的性質而言，不同方法通常不會對間接成本的分攤造成太大差異，甚至結果一模一樣。

‧「總直接成本法」是最簡單易行的方法。其背後的假定是：同一套方案之下的總直接成本與其間接成本（運作維護費或經常性開支）之間存在強烈的關聯。

‧「直接人事成本法」很適合用在機構各方案大多需要大量人力時。而多數人群服務機構方案都有勞力密集的特性，也難怪一般

機構的預算約有70%以上是由人事費與員工相關支出組成。在執行上，這種方法只比總直接成本法稍微複雜一點。

- 「直接工時法」又比直接人事成本法更適合用在勞力密集的機構。由於機構員工每人的薪資標準常有不同（可能因職位或年資等因素），兩名員工若同工不同酬，則會影響間接成本分攤的計算。在執行上，直接工時法又比直接人事成本法稍微再複雜一些。

- 「直接成本轉化法」被認為是最準確的成本分攤方法，因為每項間接成本都採用不同且更貼切的計算基底。有時資助方（無論政府或民間機構）會要求採用這種方法，但直接成本轉化法在執行上最為複雜。

對某些人群服務機構而言，先把直接成本轉化法套用在人事費與員工相關支出上，再搭配其他方法用於其他成本，可能更加適合。在這種方法的組合下，人事成本可以依據各方案的工時輕鬆轉換為直接成本。

至於機構該選擇哪一種成本分攤方法較好，這個問題最好等諮詢過主要資助單位後，留給機構的會計與稽核人員決定。但不管如何，原則是確保各方案能夠公平分攤機構的間接成本。值得注意的是，人群服務機構或方案一旦採用了某種成本分攤方法，根據聯邦和州政府法規及「最低標準之會計原則」（GAAP），機構對其所有方案都必須使用相同的方法。

成本分攤值得費心嗎？

考慮到成本分攤需要的額外工作，總會有人懷疑：成本分攤值得費心嗎？答案是肯定的！如果不做成本分攤，人群服務機構就無從得知各方案的完整成本，到頭來也無從建立每個服務單位（中間輸出）、每個服務完成（最終輸出）或成果的準確成本。

瞭解一套方案實際的單位成本，對設定服務費用以及履行按績效計

酬的合約或補助都是必要的。如今，州政府、地方政府以及基金會的合約和補助愈來愈偏愛按績效計酬。績效計酬依明確的服務單位量（中間輸出）與成果，來決定合約內容或補助金額。聯邦政府也逐漸採用績效計酬，在2013年和2014年先後發布了重大修訂後的補助金管理政策與程序（2 Code of Federal Regulations, 2013; Federal Awarding Agency Regulatory Implementation, 2014）。

　　如果人群服務機構或方案在計算服務單位成本時未納入間接成本，則會低估服務成本。長期下來，低估服務成本的機構或方案將陷入貼錢接案服務的窘境。

功能預算系統

　　確定方案的總成本，就完成了將逐項預算系統轉接到功能或方案預算系統的前七個步驟。若要建立功能預算系統還需要另外六個步驟：

1.選擇方案中間輸出（服務單位量）的測量方式。
2.確定方案中間輸出（服務單位量）的目標。
3.計算方案中間輸出（服務單位量）的單位成本。
4.選擇方案最終輸出（服務完成量）的測量方式。
5.確定方案最終輸出（服務完成量）的目標。
6.計算方案最終輸出（服務完成量）的單位成本。

以下再次用Safe Haven的案例作說明。

選擇方案中間輸出（服務單位量）的測量方式

　　個案管理方案中間輸出（服務單位量）的測量是以與案主面談一小時為一個服務單位。

確定方案中間輸出（服務單位量）的目標

Safe Haven的管理層已經設定了個案管理方案的目標，第一年的中間輸出（服務單位量）目標為3,500個服務單位。

計算方案中間輸出（服務單位量）的單位成本

個案管理方案的總成本是$391,155（見**表13-7**），中間輸出（服務單位量）目標為3,500個服務單位。因此中間輸出（服務單位量）的單位成本是$111.76，亦即案主每一小時面談的成本為$111.76。

示例如下：

$$\frac{\text{個案管理方案總成本}}{\text{中間輸出（服務單位量）目標}} = \frac{\$391,155}{3,500} = \$111.76$$

選擇方案最終輸出（服務完成量）的測量方式

個案管理方案最終輸出（服務完成量）測量是以完成整套服務的一名案主作為一個服務完成單位。

確定方案最終輸出（服務完成量）的目標

在Safe Haven的管理層為個案管理方案設定了第一年達到20個服務完成單位的目標，亦即要讓20位案主完成整套服務。

計算方案最終輸出（服務完成量）的單位成本

個案管理方案的總成本是$391,155，最終輸出（服務完成量）目標為20名案主。因此最終輸出（服務完成量）的單位成本是$19,557.75，亦即讓每位案主完成一整套服務的成本為$19,557.75。

示例如下：

個案管理方案總成本	=	$391,155	= $19,557.75
最終輸出（服務完成量）目標		20	

表13-9呈現的是Safe Haven個案管理方案的功能預算系統。該機構另外兩套方案也可依照同樣方式建立其功能預算系統。

表13-9 個案管理方案的功能預算系統

總方案成本	$391,155
目標 ·中間輸出 ·最終輸出	達成3,500個單位的個案管理服務，單位成本為$111.76。 達成20 個服務完成單位，單位成本為$19,557.75。

方案預算系統

一旦計算出方案的總成本，建立方案預算的步驟基本上與建立功能預算的步驟大致相同。唯一的區別是：功能預算以輸出為重點，而方案預算以成果為重點。

選擇方案中間成果的測量方式

個案管理方案中間成果的測量是以完成「個人復健方案」（IRP）的一名案主作為一個服務完成單位。

確定方案中間成果的目標

在Safe Haven的管理層為個案管理方案第一年設定的中間成果目標是達到18個中間成果，亦即讓18人完成「個人復健方案」。

計算方案中間成果的單位成本

個案管理方案的總成本是$391,155，中間成果目標為18人。因此中間成果的單位成本是$21,730.83，亦即讓每位案主完成一套「個人復健方案」的成本是$21,730.83。

示例如下：

個案管理方案總成本 中間成果目標	=	$\dfrac{\$391,155}{18}$	= $21,730.83

選擇方案最終成果的測量方式

個案管理方案的最終成果單位是一名案主在一年的追蹤期內持續未遭受暴力。

確定方案最終成果的目標

Safe Haven的管理層為個案管理方案於第一年追蹤期設定的最終成果目標是達成15個最終成果，亦即有15名案主在第一年的追蹤期都未遭受暴力。

計算方案最終成果的單位成本

個案管理方案的總成本是$391,155，最終成果目標為15人。因此最終成果的單位成本是$26,077.00。

示例如下：

$\dfrac{\text{個案管理方案總成本}}{\text{最終成果目標}}$	=	$\dfrac{\$391,155}{15}$	= $26,077.00

Safe Haven個案管理方案的方案預算系統如**表13-10**所示。該機構另外兩套方案也可依照同樣方式建立其方案預算系統。

表13-10　個案管理方案的方案預算系統

總方案成本	$391,155
目標 ・中間成果 ・最終成果	讓18名案主完成個人復健計畫，每名案主的成本是$21,730.83。 讓15名案主在一年的追蹤期內持續不再受虐，每名案主的成本是$26,077.00。

方案預算系統所提供的方案與財務數據對規劃十分有用。把各種成本與預計成果（結果、完成度或影響力）結合起來，人群服務機構可依此確定各方案的成本效能。若能呈現與方案成果相關的確切數據與資訊，也可提升人群服務機構在面對資助方、倡議團體及案主時的公信力。

完整的預算系統

如第十二章所述，結合三種預算系統（見**圖13-1**）可為人群服務機構及其各項方案的財務運作提供全面性的視角，這是單靠任何一套預算系統都無法達成的。一旦建立了逐項預算系統，只需額外加上些許努力即可建立出功能預算系統與方案預算系統。

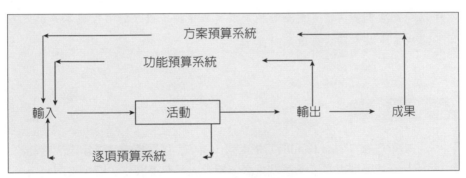

圖13-1　完整的預算系統

 **總結摘述**

逐項預算系統要求標準化的預算格式，標示出所有預期收入與預定支出。在逐項預算中，每一個預算類目都應該有操作型的定義。逐項預算應該達到收支平衡，預期收入應該等於或大於預定支出。

人群服務機構的逐項預算是建立功能和方案預算系統的起點。直接成本被歸到各別方案，間接成本則根據某一方法或基底被分攤到個別方案中。直接成本是只對單一方案有貢獻的成本項目，間接成本則是對兩套以上的方案有所貢獻。人群服務機構針對間接成本的四種成本分攤方法或基底通常包

括：總直接成本法、直接人事成本法、直接工時法，以及直接成本轉化法（將間接成本轉換成直接成本）。若要成功管理今天的人群服務機構與方案財務，成本分攤是極其重要的技術。

功能預算系統要確定中間輸出與最終輸出的測量方式、確立中間輸出與最終輸出的目標，以及計算輸出成本（包括中間與最終輸出）。計算此系統的單位成本時，要把方案總成本除以總中間輸出（服務單位量），或除以總最終輸出（服務完成量）。

方案預算系統必須確定方案成果目標，並計算成果的單位成本。當有多套方案共享一個成果目標時，成果的單位成本牽涉該成果的所有方案總成本除以預期成果量；當方案有其個別成果目標時，成果的單位成本是以該方案的總成本除以預期成果數來計算。

討論案例

愛家之家（Casa Familia）是美國一所小型民間機構。多年來，它為西班牙裔社區提供基本的家庭諮商、轉介以及倡議服務，資金來源包括聯合勸募協會、教會以及一些當地的募款活動。根據郡政府人群服務部最近進行的需求評量顯示，西班牙裔社區的前三大需求是就業訓練與安置、學習英語作為第二語言，以及住宿服務。假如愛家之家能夠拓展其服務，納入以上三大需求，那麼從各方資金來源獲得的經費可超過兩百萬美元，但前提是：機構要能針對這三套新服務提出成本分攤計畫，且必須對三套新方案的預期成果建立操作型定義。如果您被資助方派去與愛家之家商議，協助他們達成這些目標，您會如何處理預算要求？

問題與討論（依上述案例回答）

1. 請列出並界定逐項預算的預算類目。

2. 請為這些新方案決定方案結構[1]。

3. 請標明直接成本（直接成本是人群服務機構針對單一方案所編列的支出項目）。舉例來說，直接成本包括：

　(1)為單一方案工作的員工人事費。

　(2)只用於單一方案的物資與日常用品。

　(3)只用於單一方案的差旅成本。

　(4)專門用在某一方案的設備。

　(5)只用於單一方案的任何其他成本。

4. 將所有的間接成本填入間接成本欄位中（間接成本是對兩個以上的方案有貢獻的成本項目）。

5. 請解釋為什麼瞭解人群服務方案的總成本（包含直接與間接成本）是一項重要的工作。

---

[1] 譯註：這裏所謂的決定方案結構，需要確認每套方案之間的重疊，個別方案的輸出與成果是否共享是其中一個重要議題。

參考文獻

2 Code of Federal Regulations, chapter I, chapter II, part 200, et al. Uniform administrative requirements, cost principles, and audit requirements for federal awards. (2013, December). *Federal Register*, 7(248), http://www.gpo.gov/fdsys/pkg/FR-2013-12-26/pdf/2013-30465.pdf

Federal awarding agency regulatory implementation of Office of Management and Budget's uniform administrative requirements, cost principles, and audit requirements for federal awards. (2014, December). Federal Register, 79(244). https://www.federalregister.gov/articles/2014/12/19/2014-28697/federal-awarding-agency-regulatory-implementation-of-office-of-management-and-budgets-uniform

Hay, L., & Wilson, E. (1995). *Accounting for government and nonprofit entities*. Irwin.

Horngren, C., Foster, G., & Datar, S. (1997). *Cost accounting: A managerial emphasis*. Prentice Hall.

Martin, L. (2021). *Financial management for human service administrators* (2nd ed.). Waveland Press.

Mayers, R. (2004). *Financial management for nonprofit human service organizations*. Charles C Thomas.

服務方案之設計與管理（第六版）
常用專有名詞中英對照表

社工叢書

服務方案之設計與管理
——成效導向的方法

作　　者 / Peter M. Kettner
　　　　　Robert M. Moroney
　　　　　Lawrence L. Martin
譯　　者 / 余思賢
出　版　者 / 揚智文化事業股份有限公司
發　行　人 / 葉忠賢
總　編　輯 / 閻富萍
地　　址 / 22204 新北市深坑區北深路三段 258 號 8 樓
電　　話 / 02-8662-6826
傳　　真 / 02-2664-7633
網　　址 / http://www.ycrc.com.tw
　E-mail　/ service@ycrc.com.tw
　I S B N　/ 978-986-298-424-6
六版一刷 / 2023 年 12 月
定　　價 / 新台幣 450 元

國家圖書館出版品預行編目（CIP）資料

服務方案之設計與管理：成效導向的方法/
Peter M. Kettner, Robert M. Moroney,
Lawrence L. Martin 著；余思賢譯. -- 六版.
-- 新北市：揚智文化事業股份有限公司,
2023.12
　　面；　公分. --（社工叢書）
譯自：Designing and managing programs : an
effectiveness approach, 6th ed.

ISBN 978-986-298-424-6（平裝）

1.CST: 社會工作 2.CST: 社會服務 3.CST: 方
案設計

547　　　　　　　　　　　　　　112017816

Note